革史料講堂 2

簡明文化大革命史

冉隆勃 著

蘭臺出版社

前言

　　八十年代後期以來，中國大陸上出版了不少有關文化大革命的書籍和文章。或是個人經歷的記述，或是某個重大事件內幕的介紹，或是稱為紀實文學之類的東西。除了像《黨的文獻》和《黨史資料研究》這類嚴肅的雜誌發表過一些頗有史料價值的文章外，真正具有學術價值的作品並不很多。比較系統的著作只有高皋、嚴家其合著的《文化大革命十年史》和王年一的《大動亂的年代》等寥寥幾本。這兩本書材料很豐富，後者比前者寫得更好些，缺點是對問題的論述或解釋官腔太重。對於文化大革命，中共中央是作過結論的，既有正式結論，就要以此為準，不得另作解釋。這叫做「與中央保持一致」。過去是一切問題都要以官方的口徑為準。現在情況有所鬆動，只是在某些問題上必須與官方保持一致，文化大革命就是這樣的問題之一。

　　西方不受這個限制，對文化大革命的研究比中國發達，有大量的文章書籍出版。美國哈佛大學費正清中心主編的劍橋《中華人民共和國史：1966-1982》（第十五卷）堪稱研究文化大革命的皇皇巨製。作者是一批知名的中國問題專家。他們的研究是有成績的，但是在史實上和對事件的理解上卻有不少問題。這是因為，文化大革命實在是個稀奇古怪的事物，共產黨似乎為了自身的淨化而批判自己。這其間，台前幕後，上層下層，有組織有計劃的圖謀和臨時性的自發的行為，錯綜複雜地交織在一起，有時令人眼花撩亂，不知其所以。

　　1949 年以後，以毛澤東為首的中國共產黨就在中國大陸

發動了一個又一個的政治運動。擇其要者：1950-51年的土地改革運動；1950-53年的鎮壓反革命運動；1951-52年的知識份子思想改造運動；1951-52年的「三反」、「五反」運動；1955年的肅反運動；1957年的反右派運動；1958-60年的「大躍進」運動；1959年的反右傾機會主義運動；1963-65年的「四清」、「五反」運動。但是，就規模之大，時間之久，危害之深來說，沒有那一個運動可以同1966-76年的文化大革命比較。

文化大革命究竟是怎樣一回事？崇高的目的和邪惡的動機不可分割地混合在一起，理論上的批判和真槍實彈的內戰同時發生，有計劃有組織的行為導向無法控製的結果。這場運動的一個突出特點是，把中共黨內鬥爭積累下來的最惡劣的傳統，諸如「大清洗」、「逼供信」、「殘酷鬥爭」、「無情打擊」這一套東西發揮到了極點，推廣到了全國。這場運動給人們留下的創傷比一場戰爭還要深刻。它把全國變成了一個大兵營，變成了一座大監獄，它使得整個社會幾乎變了一個樣。但是，奇怪的是，等到這場運動結束之後，除了被毀滅掉的東西不能複生外，其他一切被它否定了的東西又全盤恢復了，它所創造出來的一切「新事物」則全盤被否定了，包括毛澤東自己在內。

毛究竟為什麼要發動這樣一場革命？他為什麼能夠發動這樣一場革命？他同被他打倒的劉少奇等一批人政治上到底有什麼分歧？文化大革命究竟包含了多少個運動，每個運動的內容是什麼？一個運動是如何轉化為另一個運動的？文化大革命中發生了哪些重大事件？如此等等，問題可以提出很多。

要回答這些問題，需要寫一部長篇鉅制的文化大革命史。

但是，這個工作目前有一定困難，文化大革命的大量材料早已被收羅一空，封鎖起來。在文化大革命的發源地不讓人自由地研究這段歷史，等等。作者是這段歷史的親歷者，回顧當年經歷，閱讀海內外有關這個問題的書籍，深感在詳盡宏大的著作出現之前，應當先有一本比較符合事實的文化大革命簡明史，來回答前面提出的那樣一些問題。於是決定寫作本書。這是一本中國文化大革命的 ABC，離開其發生的時間越久，越適於關心那個時段歷史進程的年輕人閱讀。這段歷史之所以令人感興趣，不但是因為它本身錯綜複雜、事件迭起，而且是因為它與中國的今天是密切聯繫在一起的。辨證法的規律之一是「否定之否定」，如果說文化大革命是對六十年代初期社會改革要求的否定的話，那麼鄧小平的「改革開放」就是對文化大革命的否定。今日的中國是昨日中國的繼續，歷史的發展就是這樣的。

目　　錄

第一章 根源

　　毛澤東發動了一場所謂的無產階級文化大革命。他的目的是什麼？簡單說來，他的目的一是要「反修防修」，二是要奪權，就是要「奪回被資產階級篡奪了的那一部份權力。」那麼，什麼是毛心目中的修正主義，在共產黨統治下的中國，資產階級又是如何篡奪了無產階級的權力的呢？按照毛的觀點，無產階級奪取政權以後，還需要堅持階級鬥爭，堅持無產階級專政，堅持在社會主義條件下繼續革命。照這樣做的，就是馬克思主義，反之，就是修正主義。在六十年代國內外的具體條件下，毛逐漸形成了一個觀點，認為黨內不少人離開了馬克思主義的軌道，走上了資本主義道路，這種人上下層都有，他們控制了相當一部份權力。為了維護中國的社會主義，就必須發動一場革命來打垮修正主義，奪回被那些人奪去的那部份權力。是什麼情況使毛形成了這樣的看法呢？要回答這個問題，必須回溯到過去。

「大躍進」之後

1949 年，中國共產黨取得勝利後，就按照史達林的社會主義模式，建立起了一個政治上高度集權，經濟上高度集中，思想文化上高度專制的國家。雖然毛並不十分信服史達林，但是他不同意赫魯雪夫對史達林的批判。1958 年，毛發動了「大躍進」，尋求中國自己發展社會主義的道路，同蘇聯分道揚鑣。

但是，「大躍進」帶來了大災難。國民經濟受到極大破壞，工農業生產大幅度下降，連續三年的大饑荒使數千萬人死於非命。「大躍進」把農村人民公社集體經濟的弊端發展到了極致，表現為當時盛行的所謂「五風」：共產風，浮誇風，強迫命令風，生產瞎指揮風和幹部特殊化風。「五風」使農民的生產積極性喪失殆盡。工業生產中的高指標、高速度使管理混亂、核算制度廢弛、產品品質和勞動生產率降低，分配上則盛行平均主義。工人因此也普遍地失去了勞動積極性。在科學、教育、文化領域內，「大躍進」以來大搞所謂「拔白旗」，反右傾的運動，強調「知識份子與生產勞動相結合」，使大批知識份子把大量時間花在體力勞動和政治活動上。面對「大躍進」造成的嚴重危機，毛澤東暫時退居二線，把爛攤子交給劉少奇、周恩來、陳雲、鄧小平等人來收拾。

當務之急是調動人的積極性，特別是農民的生產積極性。中共中央農村工作部部長鄧子恢，找到了能夠立竿見影地提高農民生產積極性的辦法，就是從集體經濟退回個體經濟，實行「包產到戶」的生產責任制。在劉少奇等人的支持下，1962 年，全國農村已有不少地方實行了所謂「三自一包」和「四大自由」的制度。「三自一包」是：自留地、自由市場、自負盈虧、包產到戶。「四大自由」是允許農民在買賣土地、雇工、放債、

經商方面有一定程度的自由。這是共產黨農村政策的一大變化，鄧小平說「不管黃貓黑貓，抓住老鼠就是好貓」。為了緩解嚴重的經濟困難，決定大規模削減基本建設專案，在 1961 年以後的兩年半時間裡，全國減少職工兩千萬人，同時又把兩千六百萬城鎮人口送到農村。[1]

在工業方面，「大躍進」中實行的所謂「以鋼為綱」、「土法上馬」、「群眾運動」等一套做法被放棄了，當局採取措施，加強企業的經營管理，實行經濟核算，建立責任制和恢復被「大躍進」破壞的規章制度。

在政治上，決定對在「大躍進」中被「拔白旗」或者被當做右傾機會主義而受打擊的人平反。從 1961 年中到 1962 年中，共有 695 萬人得到甄別平反。對於 1957 年被打成右派份子的人，也開始實行「摘帽」，至 1964 年已有五批共 30 多萬人（主要是知識份子）被摘掉了右派帽子。[2] 1962 年，中央統戰部檢查工作，批評了過去幾年工作中「寧左勿右」的錯誤傾向。為了使挨整受罪的廣大幹部心情舒暢，1962 年初，中共中央召開「七千人大會」，總結「大躍進」以來的經驗教訓，讓大家給領導提意見。毛澤東在會上作了自我批評。以此為開端，各級幹部層層開會，總結經驗教訓，鼓勵人們對「大躍進」中的錯誤提出批評，宣佈對言者實行「三不」方針，即「不抓辮子，不打棍子，不戴帽子」。人們能夠在一定場合批評「大躍進」期間種種荒謬的口號和做法，諸如「人有多大膽，地有多大產」，「不怕辦不到，只怕想不到」，「放小麥（或大米）

1　胡繩：《中國共產黨七十年》，北京，中共黨史出版社，1991 年，第394 頁。

2　薄一波：《若干重大決策與事件的回顧》，下冊，北京，中共中央黨校出版社，1993 年，第 1000 頁。

高產衛星」等等，都成為學習討論會上的笑料。那種只能說好，不能說壞的沉悶氣氛有所改變。「大躍進」的教訓是，「唯意志論」在經濟建設上行不通，如若不然就要受到無情的懲罰。

在經濟上調整政策的同時，當局在文化上的限制也有所放鬆，在學術和文藝上重提「百花齊放，百家爭鳴」的方針，對於民族文化遺產和外國文化，表現了一定的寬容。解放以後，知識份子無論怎樣老老實實、兢兢業業為共產黨服務，他們始終被認為是一股代表資產階級的、同無產階級「離德離心」的異己的力量。他們總是挨整、受批判。1962 年 3 月，國家科委和全國戲劇家協會同時在廣州召開會議，總理周恩來和副總理陳毅到會發表講話，批評過去共產黨在知識份子政策上「左」的錯誤，承認知識份子在國家建設中做出了巨大貢獻，承認他們在思想上、政治上取得了巨大進步，承認他們中的絕大多數人已經變成了勞動人民的知識份子。陳毅的講話引起了特別強烈的反響。在肯定知識份子的貢獻和進步時，他講得熱情洋溢，在批評一些幹部對待知識份子的教條主義態度時，語言尖銳潑辣。他的講話引起歡笑鼓掌達五、六十次，從一個側面反映了知識份子受壓抑的程度。這篇講話被稱為對知識份子的「脫帽加冕」，即脫「資產階級知識份子」之帽，加「無產階級知識份子」之冕，一時傳為佳話。[3]

自從 1957 年反右派、1958 年「大躍進」、1959 年反右傾以來，中國大地上是「輿論一律」的，人們在言論上非常謹慎。現在，言路似乎有所開放，但人們依然很小心。儘管如此，

還是可以聽到一點不同的聲音了。

3　叢進：《曲折發展的歲月》，鄭州，河南人民出版社，1989 年，第 441 頁。

1962 年初，中共中央國際聯絡部部長王稼祥向中央建議調整對外政策。他認為，為了克服國內經濟困難，應當爭取一個和平的國際環境。為此，他主張，中國在處理對美國（帝國主義）、蘇聯（修正主義）、印度（反動的民族主義）的關係上，要講究策略；對亞非拉地區的援助要量力而行。

　　經濟研究所所長孫冶方針對中共經濟制度上的弊病，指出提高經濟效益是發展經濟的關鍵。他提出要重視價值規律的作用，要提高利潤指標在經濟管理中的地位，要擴大企業的經營管理許可權，提高固定資金折舊率，以加強企業的技術改造等等。在八十年代鄧小平的改革開放中，這些主張已經實現並且被大大超過了，但在當時被認為是是一派修正主義的胡言亂語。

　　文藝界也有新鮮的意見，例如，毛澤東規定，文藝必須為工農兵服務。文藝界的負責人認為，大陸已經解放十幾年，文藝服務的對象應當擴大，應當是為「最廣大的人民服務」了。為了繁榮文藝創作，他們還提倡文藝題材的多樣化，不單只是「寫戰爭」、「寫英雄」，而且要「寫真實」。他們提出，應當允許作者選擇自己擅長和喜愛的題材，描寫那些自己所熟悉的人物，包括那些不好不壞，亦好亦壞的處於中間狀態的「芸芸眾生」。

　　學術界也有了不同觀點的討論。例如，在哲學方面，毛澤東把馬克思主義哲學中對立統一的規律，概括為「一分為二」。中央黨校校長楊獻珍提出，這一規律也可以用「合二而一」來表述。在歷史學上，歷史學家翦伯贊著文，不同意在史學研究中片面強調階級鬥爭的觀點。他主張從歷史的實際出發，在研究大量史料的基礎上，得出合乎實際的結論，反對

那種片面的「以論帶史」的方法。他指出「片面性、抽象性、簡單化、絕對化、現代化，是這幾年教學和研究中突出的缺點。」[4]

　　文藝最能反映一個時代的氣息。在比較寬鬆的環境下，文學藝術開始朝著多樣化方向發展。中共北京市委主管文教的書記鄧拓，在《北京晚報》上開闢專欄，用「燕山夜話」的題目撰文，借古諷今，針貶時弊，大受讀者歡迎。吳晗的新編歷史劇《海瑞罷官》和陽翰笙的《李秀成之死》，描寫了兩個剛直不阿、犯上敢諫的英雄，而孟超的京劇《李慧娘》則歌頌了一個至死不屈，敢同權貴抗爭的弱女子。處於高壓下的群眾只能通過對這些人物的讚頌，來表達他們對思想專制的憎恨。看夠了社會主義的工農兵英雄形像之後，人們也願意看一看威爾第的《茶花女》和蒲賽尼的《蝴蝶夫人》，所以這些歌劇又演出了。電影在六十年代是擁有大量觀眾的一種藝術形式。電影界的領導人夏衍鑒於五十年代以來中國電影的政治化傾向，甘願冒「離馬列主義之經，叛革命戰爭之道」的危險，指導拍攝了一些各種不同題材的影片，例如用三十年代作品改編的「早春二月」、「林家舖子」、「舞臺姐妹」等。1964 年北京舉辦了大型的《紅樓夢》研究展覽，吸引了眾多觀眾。好像是為了慶祝饑餓的年代終於成為過去，這年春節中國戲劇家

4　同上，第 574 頁。

協會舉辦了一個化裝晚會，引來了不少黨政要人和許多社會名流。參加晚會的許多紅男綠女，裝扮成古今中外各色人物，出現在灰濛濛的中國首都北京，似乎有些不合時宜。果然，這個晚會後來引起了軒然大波。

國民經濟於 1962 年下降到谷底，次年開始好轉。物資漸漸增加了，市場供應開始好轉了，人們不再餓肚子了。到了1965 年，甚至可以感覺到一些很初步的繁榮氣息了。飽受政治高壓之苦的中國人民，希望從此以後，日子可以和平一點，輕鬆一點，特別是希望物質生活能夠改善一點，文化生活能夠豐富多彩一點。中國社會迫切地需要休養生息，需要改革進步。這些要求長期以來被壓抑著，在六十年代初期暫短的和緩氣氛中，表現出來了。

「念念不忘階級鬥爭」

對毛澤東來說，如果五十年代後期是「大躍進」的年代，那麼六十年代初期就是反對修正主義的年代。中蘇兩黨之間的論戰正在昇級。與此同時，他也在密切注視著國內的發展。毛是堅決信奉馬列主義的階級鬥爭學說的。他用這個觀點來觀察一切，解釋一切，包括用它來解釋《紅樓夢》。他無比自信，總是要言人之所未言，見人之所未見。他發現，黨內外有許多現象不大對頭。他認為，這是階級鬥爭的新動向，但是黨內多數人卻視而不見，聽而不聞。他認為，必須提醒全黨來注意這個新情況。

1962 年 8-9 月，中共中央在北戴河舉行工作會議，毛作了「關於階級、形勢、矛盾」的講話。他聯繫中共對蘇共修正

主義的批評，談了中國國內的階級和階級鬥爭。他強調社會主義社會仍然存在階級鬥爭、存在資本主義復辟的危險性。他說：這在國內政策上表現為「三自一包」，在對外政策上表現為「三和一少」。他強烈批評當時黨內有些人刮三種風，即「黑暗風」、「單幹風」、「翻案風」。他認為劉少奇、陳雲、鄧小平等人把當前困難估計得太嚴重，看不見形勢中光明的一面，只看見一片黑暗，是刮「黑暗風」；認為他們支持在農村實行「包產到戶」，瓦解集體經濟，是刮「單幹風」；認為他們主張對挨整的幹部一律甄別平反，是刮「翻案風」。毛批評說「有那麼一些人，沒有幹勁了。他們鼓單幹之勁，鼓黑暗之勁，鼓講缺點錯誤之勁。講光明、講成績、講集體經濟，他們就沒勁了。」毛對於給知識份子「脫帽加冕」也有不同意見，他諷刺說「資產階級知識份子有些陽魂過來了，但是陰魂未散，有的連陽魂也沒有過來。」[5] 毛講話後，劉少奇慌忙檢討，承認自己對當前的困難估計得過份嚴重。

　　緊接著在北京召開中央八屆十中會。會上，毛澤東再次嚴辭批評「三風」，並斷言在整個社會主義歷史階段中都存在著階級、階級鬥爭和資本主義復辟的危險性，強調「階級鬥爭要年年講、月月講、天天講。」「要念念不忘階級鬥爭」。他說，鄧子恢等人支持包產到戶，是代表富裕中農要求單幹，甚至是站在地主富農資產階級的立場上，反對社會主義。他一怒之下不但撤了鄧子恢的職，而且撤銷了整個農村工作部。當時，彭德懷向中央遞交了長篇申訴書，毛認為，彭是在搞翻案活動，決定不能給他平反。毛又接受康生的意見，批評習仲勳（國務院副總理）、賈拓夫（國家計委副主任）等人，指責他們利用

5　《若干重大決策與事件的回顧》，第 1006、1074 頁。

寫小說來搞反黨活動，說他們支持小說《劉志丹》的寫作，是
為反黨份子高崗翻案，並把他們打成反黨集團。全會一致同意
毛的下述觀點：

「社會主義是一個相當長的歷史階段。在社會主義這個
歷史階段中，還存在著階級、階級矛盾和階級鬥爭，存在著社
會主義同資本主義兩條道路的鬥爭，存在著資本主義復辟的危
險性。要認識這種鬥爭的長期性和複雜性。」[6]

八屆十中全會是中共歷史上的一次重要轉折，這次全會
之後，黨的工作重心開始向在黨內開展階級鬥爭轉移。這次
全會也是毛澤東與劉少奇關係上的轉折，毛認為劉在形勢、階
級、階級鬥爭等一系列問題上右傾。除此而外，毛對毛、劉兩
主席並列的狀況也有所不滿。毛於1959年辭去國家主席的職
務，只擔任黨的主席，而由劉出任國家主席。這本來是他自己
的建議。但在這樣做了以後，他又產生了某種「失落感」。特
別是此後劉在黨內外的聲望不斷提高，使毛更不滿意。劉在全
會上受了毛的批評，在會議的最後一天作了長篇發言，表示完
全支持毛的觀點，但這已無助於消除毛對他的不滿了。

1963年一開始，毛就著手抓階級鬥爭了。六十年代初期，
城鄉基層出現了不少問題，主要是在三年經濟困難中，幹部營
私舞弊，貪污腐化，紀律渙散，集體經濟瓦解或鬆弛，有些地
方雇工、放高利貸、買賣土地的現象有所發展。根據毛澤東的
決定，中共中央1963年2月在北京舉行工作會議，決定在城
市開展「五反」運動，即反貪污盜竊、反投機倒把、反鋪張
浪費、反分散主義、反官僚主義；在農村人民公社則開展「四
清」運動，即針對農村基層幹部多吃、多佔、多拿等現象，清

6　《中國共產黨七十年》，第405頁。

理帳目、清理倉庫、清理財物、清理工分。「五反」、「四清」合稱「社會主義教育運動」。25日，毛在會上談修正主義和階級鬥爭問題。他說「我國出不出修正主義，一種可能，一種不可能。在農村進行社會主義教育，就可以挖掉修正主義根子。」他強調非抓階級鬥爭不可，並說「階級鬥爭，一抓就靈。」5月，他在杭州召開會議，製定關於農村「四清」工作的文件，即《關於目前農村工作中若干問題的決定》（簡稱《前十條》）。這份文件對農村的形勢做出了十分嚴重的估計，認為「當前中國社會中出現了嚴重的尖銳的階級鬥爭情況」。文件要求，要「重新組織革命的階級隊伍，向著正在對我們倡狂進攻的資本主義勢力和封建勢力作尖銳的針鋒相對的鬥爭，把他們的反革命氣焰壓下去」。毛在會上講話，指出如果忘記了階級和階級鬥爭，忘記了無產階級專政，「那就不要很多時間，少則幾年，十幾年，多則幾十年，就不可避免地要出現全國性的反革命復辟，馬列主義的黨就一定會變成修正主義的黨，變成法西斯黨，整個中國就要改變顏色了。請同志們想一想，這是一種多麼危險的情景啊！」[7]「四清」運動果然是一場尖銳的鬥爭。在湖北省第一批試點一開始，就死了2,000多人，絕大部份是被認為有「四不清」問題的人，被逼自殺。第二批試點開始後，僅襄陽一地25天就死了74人。廣東在秋天開始試點，自殺死亡503人。[8]

王稼祥在對外關係問題上的建議被提出來了。5月下旬，毛在武漢同紐西蘭共產黨總書記威爾科克斯談話時，批評王說，我們黨內有些人主張「三和一少」，就是對帝國主義和氣

7　《曲折發展的歲月》，第528-530頁。
8　《若干重大決策與事件的回顧》，第1115頁。

一點，對反動派和氣一點，對修正主義和氣一點，對亞非拉人民鬥爭的援助少一些。這是修正主義的路線。接著，毛的批評就更嚴厲、更系統化了。1964 年 2 月，他在另一次談話中批評說，中共中央聯絡部主張「三和一少」；中央統戰部不搞階級鬥爭，主張階級調和；中央農村工作部不搞集體經濟，主張「三自一包」。他說，「三和一少」是修正主義的國際綱領，「三自一包」是修正主義的國內綱領，並且指出，搞修正主義的人，有中央委員、書記處書記，還有副總理。此外，每個部、每個省都有，支部書記裡頭更多。[9]

5 月中旬至 6 月中旬，中共中央召開工作會議，討論農村工作和第三個五年計劃等問題。會上階級鬥爭的火藥味更濃，有的人主張在「四清」中要「搬石頭」（即不僅搞小幹部，要搞大的），在城市「五反」中要給人劃階級。劉少奇 6 月 2 日講話中說，「和平演變」已經演變到高級機關中的某些人了，省委、市委都有他們的人。毛澤東 6 月 8 日談了「反修防修」的問題，他說全國有三分之一的權力不在共產黨手裡。他認為，以「四清」和「五反」為主要內容的城鄉社會主義教育運動，要搞四、五年。[10]

從 6 月起，劉少奇主持修改《關於農村社會主義教育運動中一些具體政策的規定（草案）》（簡稱《後十條》）。修改後的這個文件對農村形勢作了更嚴重的估計，認為階級敵人拉攏腐蝕幹部，「建立反革命的兩面政權」，是「敵人反對我們的主要形式」；認為「這次運動，是一次比土地改革運動

9　中共中央黨史研究室：《中國共產黨歷史大事記》，北京，人民出版社，1989 年，第 269 頁。

10　同上，第 271 頁

更為廣泛，更為複雜，更為深刻的大規模的群眾運動」根據劉的意見，並得到毛的同意，運動完全由工作隊來領導，基層組織和基層幹部被撇到一邊。劉採取集中力量打殲滅戰的辦法，組成大批工作隊，有的縣達到一萬多人。工作隊在農村訪貧問苦，扎根串聯，公社、大隊、生產隊的幹部統統變成清查對象。9月1日，中共中央轉發《桃園經驗》，這是劉少奇的妻子王光美在河北省撫寧縣盧王莊公社桃園大隊四清工作隊蹲點的報告。她所在工作隊按照劉所主張的辦法進行工作，得出結論說，桃園黨支部「基本上不是共產黨」，而「是一個反革命的兩面政權」，支部書記是一個鑽進黨內的「壞份子」、「國民黨份子」。10月24日，中央發出了對天津小站地區奪權報告的批示。這個由劉少奇起草的批示說「凡是被敵人操縱或篡奪了領導權的地方；被蛻化變質份子把持了領導權的地方，都必須進行奪權的鬥爭，否則，要犯嚴重的錯誤」。[11]這種「左」的指導思想嚴重地擴大了打擊面，基層幹部人人自危。青海一個公社，工作隊認為有21%的幹部是混進來的地富反壞份子，26%的幹部是蛻化變質份子，需要撤換和處理。北京郊區的通縣，工作隊去了二萬多人，有一百多個工作隊審訊幹部時打人，有七十多人被逼自殺。

　　毛開始感到，按照《後十條》做下去，打擊面太大。同時，對於劉少奇所主張的一套辦法，他也感到不滿。他批評說，工作隊集中大批人，是搞「人海戰術」；學習文件四十天，不進村，是搞「繁瑣哲學」；不依靠群眾，扎根串聯，結果是「冷冷清清」。對於劉少奇強調「蹲點」，否定他歷來主張的「調查研究」，毛也很不滿意。但是更重要的是，在討論「四清」

11　《若干重大決策與事件的回顧》，第 1223-1224 頁。

運動的性質和主要矛盾時，劉少奇居然和他爭論。

　　1964年底至1965年初，毛主持召開中央政治局擴大會議，討論「四清」問題。他否定了劉的「訪貧問苦」、「扎根串聯」等一套做法，製定了題為《農村社會主義教育運動中目前提出的一些問題》（簡稱《二十三條》）的文件。在1964年12月20日的會議上，毛劉在四清運動的性質和重點問題上發生了分歧。劉認為，這次運動的主要矛盾是「四清」和「四不清」的矛盾，運動的性質是人民內部矛盾跟敵我矛盾交織在一起。毛認為，劉的提法不對，這次運動的性質是資本主義同社會主義兩條道路的鬥爭，運動的重點是整那些「黨內走資本主義道路的當權派」。討論中，劉曾經堅持自己的意見，而且在毛談到走資派這個概念時，劉曾打斷過毛的講話，說還是不要提什麼「派」不「派」，有什麼矛盾就解決什麼矛盾。在會上當面同毛爭論，打斷毛的講話，多年來沒有見過！毛大怒。恰巧這時鄧小平又宣佈，下次會議是討論一些具體問題，毛不參加也可。毛更怒。[12]

　　12月26日是毛的生日，他在人民大會堂宴請部份中央領導人、當時在京的地方主要負責人和少數科學家、勞動模範。劉少奇、周恩來、鄧小平等出席。毛與科學家、勞模一桌。席間他一人講話，批評四清運動中的錯誤認識和錯誤做法。他說：什麼四清四不清，黨內外矛盾交叉？這是非馬克思主義的！他又說，中央有的機關搞獨立王國，接著又談到黨內出修正主義的危險。席間氣氛緊張，鴉雀無聲。[13] 他說的「獨立王國」，一個是指鄧小平主持的書記處，一個是指李富春主持的國家計

12　黑雁男：《十年動亂》，北京，國際文化出版公司。1988年，　第49頁。
13　《若干重大決策與事件的回顧》，第1331頁。

劃委員會，他認為這兩個機構，經常不向他彙報工作，對他實行封鎖。

12月28日，中央會議繼續討論「四清」工作。毛拿著一本《黨章》、一本《憲法》到會。他又談四清運動的性質問題，工作態度問題。他說，你們一個不准我講話，一個不准我參加會。請你們回去也找《黨章》和《憲法》看一下，那是講自由民主的。他問：我們這些人算不算中華人民共和國公民？如果算的話，那麼有沒有言論自由？准不准我和你們講幾句話？[14]會場空氣幾乎凝固起來。中央常委和政治局人人緊張，劉少奇、鄧小平趕緊認錯檢討。風浪暫時過去了。會議按照毛的意見通過了《二十三條》。但是，毛劉之間的裂隙無法彌合。1970年12月18日，美國人愛德格‧斯諾問毛，是什麼時候他感覺到必須把劉搞掉。毛回答說「那就早了。1965年1月，《二十三條》發表。《二十三條》中間第一條是說，『四清』的目標是整黨內走資本主義道路的當權派。當場劉少奇就反對」。[15]

「五反」運動在城市裡分期分批展開。1964年，全國工交系統組織了13萬人的工作隊，在1,800個國有企業開展運動。上海向133個單位派了15,000人的工作隊。北京市中學開展「五反」運動，發生了亂打亂鬥現象，幾天內就有好幾人自殺。12月5日，毛在一份報告上批道「我們的工業究竟有多少在經營管理方面已經資本主義化了，是三分之一，二分之一，或者還更多些，要一個一個地清查改造，才能知道」。12日，他又在另一份報告中批道「官僚主義者階級與工人階級和

14　《十年動亂》，第51頁。
15　《曲折發展的歲月》，第605頁。

貧下中農是兩個尖銳對立的階級。」「這些人和走資本主義道路的領導人是鬥爭對象，革命對象」。[16] 毛一步一步向著文化大革命逼近了。

意識形態領域的階級鬥爭

「四清」和「五反」涉及的是經濟基礎，思想文化是上層建築。在抓基層階級鬥爭的同時，毛又抓了意識形態領域內的階級鬥爭。六十年代初期略顯寬鬆的形勢，又逐步收緊了。

中共中央 1963 年 3 月批轉文化部關於《停演「鬼戲」的請示報告》。京劇《李慧娘》（亦名《紅梅閣》）首先遭殃，在報上遭到猛烈批評。報紙發表文章批評說，這個劇是攻擊共產黨的，權臣賈似道影射共產黨，李慧娘反對賈似道，意味著反共的人即使變成鬼，也要向共產黨復仇。寫作的召集人是毛澤東的夫人江青。江青以毛的文藝「哨兵」身份，登上政治舞臺，是件非同小可的事情，她手眼通天，能量極大。身為中共中央書記處書記、中央理論小組組長的康生，也是毛抓意識形態領域鬥爭的得力助手，給毛出了不少主意。9 月他向毛反映說，《紅河激浪》是一部反黨電影。同月，毛在中央工作會議上說「過去的戲總是那一套，帝王將相，小姐丫鬟，保鏢的是黃天霸，搞這一套不行。」兩個月後，他批評說「一個時期《戲劇報》盡宣傳牛鬼蛇神。文化部不管文化，封建的、帝王將相的、才子佳人的東西很多，文化部不管。如不改變，就改名帝王將相部、才子佳人部，或者外國死人部」[17] 12 月 12 日，

16　《中國共產黨歷史大事記》，第 273-274 頁。

17　郝夢筆、段浩然：《中國共產黨六十年》北京，解放軍出版社，1984 年，第 558 頁。

毛在一個文件上作了一個批示：

> 「各種藝術形式——戲劇、曲藝、音樂、美術、舞蹈、電影，詩和文學等等，問題不少，人數很多，社會主義改造在許多部門中，至今收效甚微。許多部門至今還是「死人」統治著。社會主義經濟基礎已經改變了，為這個基礎服務的上層建築之一的藝術部門，至今還是大問題。」「許多共產黨人熱心提倡封建主義和資本主義的藝術，卻不熱心提倡社會主義的藝術，豈非咄咄怪事。」[18]

毛的旨意要貫徹執行。1964 年元旦一過，劉少奇就連忙召集中宣部和文化藝術界領導三十餘人開會，傳達毛的批示。緊接著有人向上反映，劇協組織的春節聯歡晚會「庸俗低級，趣味惡劣」，毛得知後大為震怒。中宣部不得不於 3 月下旬召集文聯各協會黨組織負責人開會，認為晚會事件「是當前階級鬥爭在文藝隊伍中的反映，是劇協領導資產階級思想作風的暴露」，並決定在文聯和各協會開展一次整風運動。5 月 8 日，中宣部寫出了整風情況的報告。這個報告引出了毛關於文藝界問題的又一個重要批示。6 月 27 日，他在這個報告上寫道：

> 「這些協會和他們所掌握的刊物的大多數（據說有少數幾個好的），15 年來，基本上（不是一切人）不執行黨的政策，做官當老爺，不去接近工農兵，不去反映社會主義的革命和建設。最近幾年，竟然跌倒了修正主義的邊緣，如不認真改造，勢必在將來的某一天，要變成像匈牙利裴多菲俱樂部那樣的團體。」[19]

根據毛的指示，文藝界重新進行整風。一大批文藝界領導人，如田漢、夏衍、齊燕銘、林默涵、陳荒煤、邵荃麟；

---

18 同上。
19 同上，第 559 頁。

一大批著名學者如楊獻珍、孫冶方、周谷城、翦伯贊、馮定、羅爾綱;一大批電影如《北國江南》、《早春二月》、《舞臺姐妹》、《林家舖子》、《革命家庭》、《紅日》和一批小說受到公開批判。7月,中共中央決定成立以彭真為首的文化革命五人小組,來領導文化革命。毛認為,文化部是為少數人、不是為多數人服務的,中共中央農村工作部可以取消,國務院文化部也可以取消。11月,在聽取工作彙報,談到文化方面的問題時,他問道:文化系統究竟有多少在我們手裡?百分之二十?百分之三十?或者是一半?還是大部不在我們手裡?我看至少一半不在我們手裡。[20]

這一年,毛還抓了教育革命的問題。他在春節召開教育問題座談會,聽取彙報,然後評論說,中國的學校,學制太長,課程太多,對學生壓力太大,學生越讀越蠢。教師講解又不得法,考試方法是與學生為敵,實行突然襲擊。[21] 毛這一席話成為學生起來造反的張本。

1965年4月,中央改組文化部領導機構,部長沈雁冰(作家茅盾)受到寬大處理僅被免職,齊燕銘、夏衍等副部長撤職並受批判。此時,毛對「四清」、「五反」運動已失去興趣,他的注意力轉到了黨的上層,擔心中央會出修正主義。

8月11日,毛在談話中說,修正主義是一種瘟疫。領導人、領導集團的作用很重要。他說,1962年刮歪風,如果他和幾個常委頂不住,只要半年就會變顏色。領導人一變,就都變了。10月10日,他同各大區黨委第一書記談話說:「中央出了修正主義,你們怎麼辦?如果中央出了修正主義,你們就造反。

20　《若干重大決策與事件的回顧》,第1227頁。
21　《毛澤東文章講話集》,北京,1967年,第291頁。

現在你們要注意，不管誰講的，中央也好，中央局也好，省委也好，不正確的，你們可以不執行。」[22] 毛對共產黨的統治很不樂觀，沒有信心。他認為，在基層，共產黨僅是三分天下有其二，在上層建築領域，則連三分之二的天下也沒有。在黨內，從上到下，不少人在革命勝利後走上了資本主義道路。這種情況如不趕緊加以扭轉，革命的成果就要付諸東流，所以必需繼續革命。一場暴風雨就要來臨了。

個人崇拜

六十年代前半期，中國存在兩種社會趨向：一種是和緩的趨向，一種是緊張的趨向；緊張的趨向壓倒了和緩的趨向。形成這種緊張趨向的是兩股風：階級鬥爭之風和個人崇拜之風。階級鬥爭之風，前面已經說過了，是毛澤東刮來的，而且越刮越大。個人崇拜之風由來已久，它與共產主義運動幾乎是共生的現象，蘇共崇拜列寧、史達林，中共崇拜毛澤東。

早在延安時期，中共就大樹特樹毛澤東的權威和絕對正確的形像，為此出力最多、最積極的就是劉少奇、彭真等人。革命勝利了，全國高唱「東方紅，太陽昇，中國出了個毛澤東，他是人民大救星」。毛被捧到天上去，成了皇帝，成了神。1956 年，蘇共反對個人崇拜，全世界的共產黨也都跟著反，只有中共沉住了氣。鄧小平同年在中共第八次代表大會上代表中共中央宣佈，中共歷來不搞個人崇拜。中共領導集體保護毛澤東過了關。

1956 年秋的波、匈事件使蘇共丟了臉，卻提高了中共的

---

22 《中國共產黨歷史大事記》，第 277 頁。

地位。到了 1958 年，毛開始在個人崇拜問題上同蘇共唱反調了。他在 3 月召開的中共中央成都會議上公開鼓吹個人崇拜。他說，個人崇拜分兩種：一種是正確的個人崇拜，如對馬、恩、列、斯正確的東西，必須崇拜，不崇拜不得了，真理在他們手裡為什麼不崇拜呢？另一種是不正確的崇拜，不加分析，盲目服從，這就不對了。中共華東局第一書記兼上海市委第一書記柯慶施立刻響應說「相信毛主席，要相信到迷信的程度；服從毛主席，要服從到盲從的程度」。[23] 毛大喜。兩個月後，柯被提昇為政治局委員。

　　毛發動「大躍進」，出了問題。在 1959 年的廬山會議上，彭德懷、黃克誠、張聞天、周小舟對此有所批評。毛大怒，把彭德懷等四人打成右傾機會主義份子。身為政治局常委的劉少奇、周恩來、朱德、林彪（陳雲、鄧小平沒有參加會議）出來支持毛，全體中央委員跟著支持毛。擁護毛澤東，反對彭德懷，成為廬山會議後半段的主題。劉少奇在會議結束時專門談了個人崇拜問題。他說「我是積極地搞個人崇拜的，在七大以前，我就宣傳毛澤東同志的威信，在七大黨章就寫上以毛澤東思想為指導思想這一條。」他援引恩格斯的《論權威》一文來證明，彭德懷反對毛澤東的個人崇拜是「完全不正確的」。[24] 結果，廬山會議推進了對毛的個人崇拜。

　　「大躍進」以後的災難歲月，中共中央竭力維護毛的聲譽，從而也就維護了共產黨的地位。文化大革命前的一兩年，個人崇拜成為中國政治生活的主旋律。林彪、康生、陳伯達等

23　李銳：《毛澤東早年與晚年》，貴陽，貴州人民出版社，1992 年，第206 頁。

24　李銳：《廬山會議實錄》，北京，春秋出版社，1989 年，第 360 頁。

人成為大捧毛澤東的最積極的吹鼓手。早在1962年初舉行的七千人大會上，就連毛本人也不得不就「大躍進」的錯誤作一點自我批評，林彪卻獨樹一幟，在會上發表了一篇極力吹捧毛的講話。他說「毛澤東思想在任何工作中永遠是第一位的，是起決定作用的，是靈魂，是命根子」。他認為，當時發生了困難，「恰恰是由於我們沒有照著毛主席的指示、毛主席的警告、毛主席的思想去做」。他說「毛主席最突出的優點是實際，他總比人家實際一些，總是八九不離十。他總是在實際的周圍，圍繞著實際，不脫離實際」。他強調說「我深深地感覺到，我們的工作搞得好一些的時候，是毛主席的思想能夠順利貫徹的時候，毛主席的思想不受干擾的時候。如果毛主席的意見受不到尊重，或者受到很大干擾的時候，事情就要出毛病。我們黨幾十年來的歷史，就是這麼一個歷史」。毛脫離實際，發動「大躍進」，闖了大禍，林彪恰好在這點上為他開脫，以致毛讀到林的講話稿後，大喜過望。他在稿上批道「這是一篇很好、很有份量的文章。看了令人大為高興」，並指示「要發給全黨學習」。他又拿著講話問總參謀長羅瑞卿「林彪的這篇講話，你講不講得出來？」羅說自己水準不高，講不出來。毛高興地說「講不出來，要學嘛！」[25]

　　林彪「高舉毛澤東思想的偉大紅旗」，大搞造神運動，大搞現代迷信。他說毛澤東是「全世界幾百年，中國幾千年」才出現一個的天才，毛澤東思想是馬列主義的頂峰；說毛的話「句句是真理，一句頂我們一萬句」。他號召全體黨員和全國人民「讀毛主席的書，聽毛主席的話，照毛主席的指示辦事。」他大力推廣毛語錄，要求像發槍那樣把毛語錄發給每一個戰

25　點點：《非凡的年代》，上海，上海文藝出版社，1987年，第171頁。

士。他鼓吹「活學活用毛澤東思想」。他強調對毛的指示，理解的要執行，不理解的也要執行。全國上下開展了學語錄、學毛著的運動。人人都佩帶著毛像章，身揣著毛語錄。全國都唱起了歌頌毛的歌曲。

毛澤東環顧全球，他看到處處是動亂，處處是鬥爭，處處是革命。蘇聯變修了，只有中共高舉馬列主義的紅旗，成為世界革命的堡壘。他躊躇滿志地寫下了這樣的詩句：

「四海翻騰雲水怒，五洲震盪風雷激。」

但是，他覺得自己腳下還不穩固，為了中國，為了世界，他需要繼續革命。他深信，憑他的權威、他的膽識、他的智慧、他的能力，他的經驗，他一定會勝利。

第二章 序幕

　　對京劇新編歷史劇《海瑞罷官》的批判揭開了無產階級文化大革命的序幕。這不是一場學術批判，而是一場政治迫害，它很快擴大到文化藝術各個領域。與此同時，中共領導集團內部又展開了一場錯綜複雜的權力鬥爭。毛澤東採取群眾運動的方法來進行這場鬥爭，千千萬萬人捲入了這場運動，使得所謂的文化大革命發展成為一場空前規模的大劫難。

《海瑞罷官》

　　上海《文匯報》批判歷史學家吳晗所寫的京劇腳本《海瑞罷官》，開始時並不像當年批判電影《武訓傳》和批判俞平伯的《紅樓夢研究》那樣引人注意，然而卻是文化大革命的導火線。事情的原委是，1959年「大躍進」中，

虛報浮誇之風盛行。毛澤東認為，群眾的幹勁要鼓，但講假話之風卻不可長。4月初，他在上海主持召開中共中央八屆七中全會，一面繼續鼓幹勁，一面糾正他所意識到的一些錯誤，特別反對吹牛、講假話。會議期間，他看到一出古典戲《生死牌》，說的是明嘉靖年間的大臣海瑞，勤政愛民，犯顏直諫，向皇帝訴說農民疾苦。毛大為感動，在全會上講了海瑞的故事，說共產黨的幹部「要有堅持真理的勇氣，不要連封建時代的人物都不如」。他要求大家「要有像海瑞批評嘉靖皇帝的勇氣」。他又在月底所寫的一篇「黨內通訊」中，鼓勵人們說真話，指出「愛講假話的人，一害人民，二害自己。」[1] 八屆七中全會精神層層下達，各級幹部知道了明朝有個大官叫海瑞，是個直言敢諫的楷模。

　　吳晗是四十年代西南聯大的名教授，著名的明史專家，中共的積極支持者。抗戰勝利後投身反內戰、反饑餓運動。解放後出任北京市副市長，1957 年加入共產黨。在毛提倡「海瑞精神」後，作為中央宣傳部副部長和毛的政治秘書的胡喬木就找到吳晗，要他寫文章宣傳海瑞，因為宣揚海瑞精神很有現實意義。吳欣然應命，於同年 6、9 兩個月發表了「海瑞罵皇帝」和「論海瑞」兩篇文章。吳晗筆下的海瑞是一個為民請命，要求豪強把奪來的田地退還農民，並為平民百姓平反冤獄的清官。此時，彭德懷也在廬山會議上為民請命，批評「大躍進」，被毛澤東打成反黨份子、個人野心家，而被罷官。吳晗與彭德懷既不相識，更毫無往來。當時誰也沒有想到把吳晗同彭德懷扯在一起，所以當馬連良缺乏新劇碼上演，要求吳把海瑞故事編成京戲時，吳又欣然命筆，寫出了新編歷史劇《海瑞罷官》，

1　《中國共產黨歷史大事記》，第 242-243 頁。

於 1961 年初發表並演出。

長期養病的毛澤東夫人江青，1956 年正式被任命為毛的五大秘書之一，副部長級待遇。另外四個秘書是陳伯達、胡喬木、田家英、葉子龍。毛交給她的任務是注意文藝方面的動態，把她認為重要的情況向毛報告。

1962 年，毛在中共中央八屆十中全會上重提階級鬥爭，指出黨內有人利用寫小說反黨，是「一大發明」。毛指的是李建彤寫的長篇小說《劉志丹》，當時中央書記處書記之一的康生告毛，這本小說是為高崗翻案的。江青由此想到了《海瑞罷官》，認為這是一出反黨戲劇，是為彭德懷翻案的，向毛建議進行批判。當時，毛沒有立刻就接受江的意見。1963 年和 1964 年，毛連連對文藝界作出嚴厲批評，政治氣氛漸趨緊張。江青又想起了《海瑞罷官》，並同康生商量，由康向毛進言，說《海瑞罷官》是一出壞戲，是為彭德懷翻案的。毛這次相信了。於是，江青積極行動起來，在北京找人寫文章批判吳晗，其中包括 50 年代初期因寫文章批判俞平伯的《紅樓夢研究》而出名的李希凡。但是，李希凡等人都不願意承擔批判吳晗的任務。毛對於北京文藝界的狀況早有不滿，1963 年 12 月 12 日的尖銳批評就是寫給北京市委第一書記彭真和第二書記劉仁的，現在北京又沒有人願意批評吳晗，更加加深了毛的不滿。在毛的支持下，江青去上海求助於中共中央華東局第一書記、上海市委第一書記兼市長柯慶施。柯立刻把中共上海市委宣傳部長張春橋和上海《解放日報》文藝部主任姚文元介紹給江青，並決定由張春橋指導、姚文元執筆，撰寫批判《海瑞罷官》的文章。從 1965 年初起，經過七、八個月修改，姚文元的文章〈評新編歷史劇「海瑞罷官」〉11 月 10 日發表在上海《文

匯報》上。姚的文章從階級鬥爭的觀點出發，認為在封建社會內清官貪官都是一丘之貉，根本不存在真正「為民請命」的清官。在批判了吳晗錯誤的歷史觀以後，聯繫到《海瑞罷官》發表的歷史背景，姚文元回顧了1962年毛批評過的「黑暗風」、「單幹風」和「翻案風」，然後寫道：

> 「1961年是我國因為連續三年自然災害而遇到暫時的經濟困難的時候，在帝國主義、各國反動派和現代修正主義一再發動反華高潮的情況下，牛鬼蛇神們刮過一陣「單幹風」、「翻案風」……。「退田」、「平冤獄」就是資產階級反對無產階級和社會主義革命的鬥爭焦點。階級鬥爭是客觀存在，它必然要在意識形態領域裡用這種或那種形式反映出來，……《海瑞罷官》就是這種階級鬥爭的一種形式的反映。」

> 「我們認為，《海瑞罷官》並不是芬芳的香花，而是一株毒草。」

問題嚴重了，《海瑞罷官》的問題不是學術問題，而是政治問題了。

按照慣例，報上點名批判像吳晗那一級的人物，是要事先向中共中央宣傳部請示報告，經過批准，並向北京市委打招呼的，上海《文匯報》、甚至上海市委都沒有膽量自作主張，自行其是。這次上海竟不打招呼就發表了姚文元的文章，這篇文章一定有來頭！問題就這樣突如其來地提到了彭真面前。彭真是中共領導集團內的一位實權人物，以思路敏捷，辦事果斷著稱，當時是政治局委員、中央書記處書記、北京市委第一書記兼市長。他既管政法工作，又管意識形態方面的事務，擁有廣泛的權力。他固定列席政治局常委會會議，在中央書記處七名（後來增加為十名）書記中，排名鄧小平之後，是實際上的副

總書記。姚文元文章未發表前，吳晗就已告訴彭真，江青要批判他的《海瑞罷官》。彭沒有估計到問題的嚴重性，對於江青要批判吳晗，曾經嗤之以鼻。現在，姚文元文章已經出來，而且氣勢洶洶，強詞奪理，使北京市委的人十分憤怒。大家都看著彭真，希望他有所表示。彭真卻感到處境尷尬。他知道，吳晗完全是無辜的，他的寫海瑞，純粹奉命行事，不能冤枉了好人。再者吳是他的下級，他覺得有責任保護吳。但是，姚文元的文章顯然是有來頭的，他不能掉以輕心。所以當北京日報總編輯范瑾向他建議，轉載姚文元文章，同時發表文章批駁時，他沒有操切從事，而是下令中央和北京各報刊不於轉載。以這種方式來表示對姚文元文章的不滿。

此時，毛澤東正在上海，看到北京不轉載《文匯報》的文章，極為不滿。既然北京報紙不登，他就命令上海新華書店出單行本，向北京和全國各地征訂。上海急電向北京新華書店征訂。彭真不知道這是毛的決定。他給北京新華書店下令，一本也不訂。毛怒火上昇，馬上給周恩來打電話，令他通知北京各報，立刻轉載姚文元的文章。周於11月27日將毛的指示通知彭真，彭真此時已無路可退，只能同意轉載。他同周商定，於次日召開中央和北京各大報負責人會議，傳達毛的指示，佈置轉載姚文元文章。在全國範圍內批判吳晗已經不可避免，現在是要設法保護吳晗過關。彭真的辦法是把這場批判限制在學術討論的範圍內，周恩來也同意對吳晗的批評是個學術問題。於是召開會議，給這次批判製定幾條規則。

11月29日，姚文元的文章在《人民日報》、《北京日報》和《解放軍報》轉載。《人民日報》在姚文元文章前加了經過周恩來仔細斟酌的、語調溫和的「編者按」，說對《海瑞罷官》

的討論關係到如何看待歷史人物和如何學習歷史，討論中允許有批評的自由，也有反批評的自由，要實事求是，以理服人。《北京日報》的按語與此相似，認為應當通過對海瑞這個歷史人物的討論來發揚歷史唯物主義。然而解放軍報卻氣勢洶洶，在「編者按」中宣佈，《海瑞罷官》是「一株反黨、反社會主義、反毛澤東思想的大毒草」。

對吳晗的批判在全國開展起來，在彭真的佈置下，吳晗於12月30日在報上發表他的長篇自我批評。他不敢說明寫海瑞是遵命發揚海瑞精神，而是承認自己錯誤地歌頌了海瑞。他說，他之所以犯這個錯誤，是因為他沒有劃清無產階級思想和封建主義思想之間的界線。他認為他的主要錯誤是肯定了封建道德的價值。他說他自己是擁護黨、擁護社會主義的，不承認發表《海瑞罷官》是配合國內外階級敵人向黨、向社會主義進攻，但他認為在1961年那樣的情況下發表他的劇作，作用是不好的。在發表吳晗的自我批評的同時，彭真佈置北京市委和中宣部的一些人寫文章，從學術上來「批判」吳晗，造成聲勢，然後保護他過關。於是，北京市委書記鄧拓，市委宣傳部長李琪和中宣部的一些人紛紛化名寫文章，從歷史觀、道德觀等方面來「批判」吳晗。一些左派人物，如《紅旗》雜誌副主編關鋒、中央辦公廳秘書處的戚本禹從政治上來抨擊吳晗的文章，則被中宣部壓下，不予發表。

正當彭真等人力圖把吳晗的問題限制在學術思想範圍內時，毛澤東卻執意認定，吳晗的問題是政治問題。1965年12月21日，他在杭州同陳伯達、胡繩、田家英、關鋒等幾個人談話時說，「《海瑞罷官》的要害問題是罷官，嘉靖皇帝罷了

海瑞的官，1959 年我們罷了彭德懷的官，彭德懷也是海瑞。」[2]
吳被認定是給右傾機會主義的頭子彭德懷翻案，難逃滅頂之災
了。彭真此時面臨兩種前途：犧牲吳晗，保全自己；或是，繼
續保護吳晗，同歸於盡。彭真走了後一條路。

「二月提綱」與部隊文藝工作座談會紀要

　　姚文元文章發表以前，毛澤東並沒有告訴政治局其他常
委，他要批判吳晗，更沒有說他打算就此發動一場無產階級文
化大革命。當《海瑞罷官》受到批判時，文學、哲學、史學、
經濟學界的一些學者專家也開始受到批判，文化界的一場批判
運動開展起來了。劉少奇、周恩來、鄧小平等人並沒有進行文
化革命的思想準備，彭真更受到吳晗問題的困擾。他是中共中
央文化革命五人小組的組長，這個小組成立於 1964 年 7 月，
成員包括陸定一、康生、周揚、吳冷西。彭真認為，既然運動
已經從批判吳晗開始，開展起來了，就應當為這場批判規定一
些基本方針政策，以便遵循。當時，毛澤東仍然在南方，劉少
奇等中央政治局常委同意彭的意見。於是，彭真召集五人小組
會議，於 1966 年 2 月製定了一個題為《關於目前學術討論的
彙報提綱》（簡稱《二月提綱》），經過政治局常委討論通過
後，由彭真等五人飛往武漢向毛澤東當面彙報，待他批准後，
作為中央文件，發給全黨。

　　《二月提綱》的中心思想是力圖把當時的批判運動，限
制在學術思想範圍內，盡可能不往政治問題上引，不要搞成一
場政治鬥爭。但是，此話不能在文件中明講，只能委婉言之。

2　　《中國共產黨六十年》，第 561 頁。

所以《提綱》指出，「對於像吳晗這樣用資產階級世界觀對待歷史和犯有政治錯誤的人，在報刊上的討論不要局限於政治問題，要把涉及到各種學術理論的問題，充份地展開討論。」這就是彭真所說的，把各種問題都拿出來討論「混戰一場」，在混亂中保護吳晗和類似吳晗的人過關。《提綱》指出，受批評者若有不同意見，可以保留「在真理面前人人平等」。《提綱》要求那些以左派面目出現；以打擊陷害他人為能事的人「不要像學閥一樣武斷和以勢壓人」，還規定在報刊上公開點名批判要慎重，有的人要經過有關領導機構批准，才能批評。[3]

2月8日，彭真等五人飛武漢見毛，按《提綱》逐條向毛彙報。毛靜坐傾聽，很少講話。只是當彭說到，《海瑞罷官》問題是學術批判，不應當同政治扯到一起時，毛問「吳晗是不是反黨反社會主義份子？」彭作了否定的答覆。毛說「吳晗的文章要害是『罷官』二字。」彙報完畢，彭問他對提綱還有什麼意見時，毛說「沒有了」。[4] 彭真等人認為，毛已同意了《提綱》，因此立刻返回北京，向政治局常委報告。2月12日，《二月提綱》作為中央文件發給全黨。彭真似乎沒有意識到，毛很不喜歡這個《提綱》，但是他不動聲色。彭真上當了。

毛認為，自從批判《海瑞罷官》以來，彭真與吳晗等人沆瀣一氣，利用自己手中的權力，步步設防，力圖保護這些「反黨反社會主義的資產階級知識份子」，文化革命不能依靠彭真這些人。所以，正當彭真制定《二月提綱》時，毛自己主持制定了另外一個文件，這就是《林彪同志委託江青同志召開的部

3　師東兵：《彭真在文化大革命前夕》，北京，中央黨校出版社，第 177-180 頁。
4　同上，第 188-189 頁。

隊文藝工作座談會紀要》。座談會是避開北京的領導人，於 2 月 3 日至 19 日在上海召開的。《紀要》涉及的問題遠遠超過部隊文藝工作範圍，而是關係到建國以來的全部文藝工作。這是一份與《二月提綱》全然不同的文件，經過毛澤東三次親筆修改。它全盤否定了中共建國 16 年以來的文藝工作，認為中國的文藝界「被一條與毛主席思想相對立的反黨反社會主義的黑線專了我們的政。這條黑線就是資產階級的文藝思想、現代修正主義的文藝思想和所謂三十年代文藝的結合。」《紀要》號召「堅決進行一場文化戰線上的社會主義大革命，徹底搞掉這條黑線。」[5] 隨著這個《紀要》的誕生，毛把他的妻子江青公開推上了歷史舞臺，讓她與林彪結成聯盟，從而向全國表明，文化大革命有中國人民解放軍作為後盾。《紀要》還表明，這場運動不是什麼學術批判，而是「文化戰線上的社會主義大革命。」

聲討「三家村」

《二月提綱》下達後，全黨遵照執行，許多人根據《提綱》精神，在文章中批評那種在學術討論中亂扣政治帽子，亂打棍子的做法，北京市委和中宣部的人感到高興。吳晗則按照周恩來的安排，改名換姓，去到北京郊區暫避風頭。彭真不知，他的《二月提綱》已經鑄成大錯，接著他又犯了另外一個錯誤。他以為，《二月提綱》執行的情況良好，報刊討論中亂扣政治帽子的現象減少了，運動已經納入正軌，他要教訓教訓上海市委了。3 月 11 日，他令中宣部副部長許立群打電話給上海市

---

5 《中國共產黨歷史大事記》，第 280 頁。

委宣傳部長楊永直，質問他上海發表姚文元的文章，為什麼不給中宣部打招呼，上海市委的黨性那裡去了？[6]

此事立刻傳到杭州的毛澤東那裡，毛勃然大怒。3月28日至30日，他三次找康生、江青等人談話，說：1962年十中全會做出了階級鬥爭的決議。為什麼吳晗寫了那麼多反動文章，中宣部都不要打招呼，而發表姚文元的文章卻偏偏要跟中宣部打招呼呢？吳晗、翦伯贊是學閥，上面還有包庇他們的大黨閥。他點名批評《三家村札記》和《燕山夜話》是反黨反社會主義的。前者是鄧拓、吳晗、廖沫沙三人在北京市委的刊物《前線》上共同開闢的一個專欄，後者是鄧拓一人在《北京晚報》上的散文專攔。毛譴責北京市是「針插不進，水潑不進」的「獨立王國」，中宣部是「閻王殿」。他要求「打倒閻王殿，解放小鬼」，並且號召地方起來造反，向中央進攻。[7]毛澤東一席話不但給鄧拓、吳晗、廖沫沙定了罪，而且矛頭直指彭真、陸定一和他們為首的北京市委和中宣部。彭真不但保不了吳晗，而且自身也難保了。

毛的雷霆之怒立刻震動了北京。4月9日至12日，鄧小平主持書記處會議，聽取康生傳達毛的講話。傳達後，他和陳伯達在會上作長篇發言，批判彭真，除了批評他充當反動的資產階級知識份子的保護傘，破壞和阻撓文化大革命的罪行外，還清算了他全部歷史舊帳。接著，毛澤東親自出馬，於22日至24日在杭州主持召開中央政治局常委擴大會議，揭發彭真，批判《二月提綱》。剛從國外訪問回來，還在昆明的劉少奇和陳毅，被立即召到杭州參加揭發批判彭真的會議。彭真作為反

6 葉永烈：《張春橋浮沉史》，長春，時代文藝出版社，1988年，第150頁。
7 《若干重大決策與事件的回顧》（下），第1240頁。

黨反社會主義份子被清洗了。

彭真原來牢牢地控制著北京市委，現在，彭倒了，北京市委處於風雨飄搖之中。不但吳晗保不住，主管文教的市委書記鄧拓和市委統戰部長廖沫沙也保不住了。市委被迫於4月16日在《北京日報》上以整版篇幅批判鄧拓、吳晗、廖沫沙三人合寫的《三家村札記》和鄧拓所寫的《燕山夜話》。但是，《解放軍報》和《光明日報》立刻發表文章指出，《北京日報》是在玩弄「假批判，真包庇」的把戲。5月10日，經過毛澤東審定的姚文元的長篇文章〈評「三家村」——《燕山夜話》《三家村札記》的反動本質〉在上海《文匯報》上發表。次日，首都和全國報紙轉載。這是扔向北京市委的一個重磅炸彈。姚文元的文章宣稱「在《燕山夜話》和《三家村札記》中，貫穿著一條同《海瑞罵皇帝》《海瑞罷官》一脈相承的反黨反社會主義的黑線；誣衊和攻擊以毛澤東同志為首的黨中央，攻擊黨的總路線，極力支持被「罷」了「官」的右傾機會主義份子的翻案進攻，支持封建勢力和資本主義勢力的猖狂進攻。」隨著這篇文章的發表，一個全國性的聲討「三家村」的運動猛然展開了。報刊上連篇累牘的文章，黨、政、軍、民、學各界開會議，辦壁報，批判鄧拓、吳晗、廖沫沙，就連幼稚園的孩子們也被動員起來，唱道：

鄧拓吳晗廖沫沙
一根藤上三黑瓜
打打打，
我們堅決打到他！

5月17日凌晨，鄧拓自殺身亡。23日，在毛澤東身邊工作18年之久的田家英也結束了自己的生命。他的罪名之一是，

他整理毛 1965 年 12 月 21 日的講話時，刪去了毛說的《海瑞罷官》的要害是「罷官」這一段話。他們是文化大革命最早的犧牲品。吳晗被北京許多院校、單位揪來鬥去，於 1968 年 3 月投入監獄，10 月死於獄中。他的妻子被迫害致死，女兒被逼發瘋自殺。[8]

由於中宣部被毛稱為「閻王殿」，北京市委被叫做「獨立王國」，所以這兩個部門的領導被稱作「黑幫」，文藝教育路線則稱為「黑線」。以後，「黑幫」、「黑線」的範圍不斷擴大，文化大革命就在大抓「黑幫人物」和「黑線人物」的口號下開展起來了。

彭、羅、陸、楊反黨集團

彭真、羅瑞卿、陸定一、楊尚昆以組成反黨集團的罪名被清洗，是文化大革命一開始毛澤東所發動的一場權力鬥爭。其實，除了彭、陸二人在「五人小組」的共同問題外，這四個人實際上是勉強被放在一起的。但是這種事情在共產黨的黨內鬥爭中，司空見慣，不足為奇。

四人中第一個被清洗的是楊尚昆，他是中共中央書記處候補書記，中央辦公廳主任。1965 年 11 月被調出北京，到廣東任省委書記處書記，不久就被打成反黨集團成員。他的罪名是，在反黨集團中專司情報工作，在毛的住處安裝竊聽器。事情的原委是，1959 年初，楊尚昆和羅瑞卿陪同毛視察東北，毛同地方領導人討論了不少問題。楊認為，毛有許多話十分重

8　周明主編：《歷史在這裡沉思》，（第二冊），北京，華夏出版社，1986 年，第 14 頁。

要，回去後應當向書記處傳達，可惜沒有詳細記錄。楊與羅瑞卿商量後，向毛建議，以後外出視察，應帶一速記員，毛沒有接受他們的建議。但楊仍不死心，以後未經毛同意，就在毛的專列上和他的會議室安上了錄音裝置，事後也沒有告訴毛。此事後來被毛發現，他解除了楊尚昆中辦主任之職，任命汪東興接替。

第二個被清洗的是羅瑞卿。如果說彭真是黨內的實權派，那麼羅瑞卿就是軍內的實權派。他長期擔任公安部長之職，1959年盧山會議彭德懷和黃克誠倒臺後，林彪選中羅瑞卿作為副手，提名他出任解放軍總參謀長，此後羅步步上升，集中央軍委秘書長、國務院副總理、國防部副部長、中央書記處書記、國防工業辦公室主任之職於一身，成為一個有職有權的大人物。他是林彪的老部下，深得林的信任。但他的性格作風又與林彪截然不同。林生性孤僻，沉默寡言，深居簡出，落落寡合。羅精力充沛，能說會講，積極肯幹，十分活躍。隨著他權勢日隆，林彪與他開始發生矛盾。關鍵在於，羅過份突出了自己，使林彪等幾位元帥認為羅對他們不夠尊重，乃至覺得自己的地位受到了威脅。

1964年，羅瑞卿大抓全軍的軍事訓練，在十八個地區組織了全國軍事大比武，搞得轟轟烈烈，有聲有色。包括毛澤東在內的中共全體領導人都出席觀看了大比武表演，全國報紙大加渲染，羅達到了他事業的頂峰。但是，唯獨林彪沒有出席觀看大比武。1965年11月，林彪派他的妻子葉群帶著他的信和揭發羅瑞卿的材料，到杭州去向毛澤東告狀。這時正是林彪大搞個人崇拜而特別得寵之時，毛聽了林的意見，便離開杭州，於12月8日到15日在上海召開會議，讓林彪、葉群和他們

的親信空軍司令員吳法憲、海軍副司令員李作鵬等人揭發羅瑞卿。羅正在昆明視察工作，於 11 日被緊急召到上海，但是沒有讓他參加會議。周恩來、鄧小平奉命與他談話，通知他被指控三條：反對林彪，封鎖他，對他搞突然襲擊；反對突出政治；向黨伸手（要權）。不久羅被送回北京，軟禁起來交代問題。1966 年 3 月 4 日，毛澤東決定，中央軍委開會對羅進行面對面的揭發批判。羅的問題大大昇級，他被指控反黨反毛澤東，是混進黨內的階級異己份子，軍隊中的赫魯雪夫。[9]

上海會議以後，羅曾把一切希望寄託在毛澤東身上，以為毛是瞭解他的。他沒有想到，毛會拋棄他。他終於絕望了。3 月 18 日，他留下短短一紙絕命書，然後爬上樓頂，跳樓自殺。然而，他沒有死，只摔斷了一條腿。在文化大革命中，自殺是「自絕於黨，自絕於人民」的罪行。軍委會議對跌斷了腿的羅瑞卿繼續進行批鬥，直到到 4 月 8 日。會議對他的結論是「敵視和反對毛澤東思想，誹謗和攻擊毛澤東同志」、「推行資產階級軍事路線」、「擅自決定全軍大比武，反對突出政治」、「公開向黨伸手，逼迫林彪同志讓賢，讓權，進行篡軍反黨的陰謀活動。」[10]

羅瑞卿對毛絕對忠誠，他之所以被清洗，並非如某些西方著作所講的那樣，是因為他同林彪在對美蘇的戰略上有分歧[11]。林彪之所以要除掉羅，完全是因為他認為羅嚴重威脅了他的權力地位。

原來，毛曾經交代，當林彪身體不好或不在北京時，軍

---

9 《非凡的年代》，第 198-213 頁。

10 同上，第 217 頁；《曲折發展的歲月》，第 634 頁。

11 羅德里克·麥克法克和費正清主編：《劍橋中華人民共和國史》（中文版），鄭州，河南人民出版社，1992 年，第 137 頁。

委日常工作可由軍委另一副主席賀龍主持。作為總參謀長和軍委秘書長的羅瑞卿，與賀龍相處甚得。有時，羅不經過其他人，直接向周恩來或毛澤東請示報告。日積月累，林彪認為羅與賀龍勾結，對他不忠，在工作上對他實行「封鎖」。1965 年 5 月 2 日，羅到上海向林彙報工作時，林對羅表示了嚴重不滿，並對羅作了「加強通氣」的五條規定，兩人之間芥蒂加深。羅瑞卿曾根據毛關於培養無產階級革命事業接班人的指示，同林彪商談軍隊新老幹部的交替問題，羅談到有些老幹部由於身體不好等原因，不能工作，應當主動「讓賢」。

林彪認為羅在影射他自己，暗示他應當自動「讓賢」。林彪曾說，「毛澤東思想是當代馬克思列寧主義的頂峰」、「毛澤東思想是當代最高最活的馬克思主義」。羅瑞卿認為這樣說不妥，而且在一次會議上說，「不能這樣講，最高，難道還有次高嗎？最活，難道還有次活嗎？最高最活，不好理解。」又說，「頂峰？難道到了頂，不再發展了？」[12] 此話傳到林彪耳中，林極為不滿。但是，林彪、羅瑞卿最大的分歧在軍事工作的指導方針上。林彪強調突出政治，羅瑞卿強調軍事訓練。1964 年 1 月到 10 月，羅抓軍事訓練，大搞軍事比武，被譽為「我軍發展史上光輝篇章」。作為國防部長的林彪，與羅針鋒相對，提倡「高舉毛澤東思想的偉大紅旗」，「突出無產階級政治」，對於羅的「大比武」極為反感。12 月，他對部隊工作發出指示，要求軍隊「一定要把政治思想工作放在首要地位，一定要突出政治」。他指出「有的部隊只抓軍事技術，不抓政治思想，甚至弄虛作假，搞錦標主義和形式主義。」他認為全軍大比武衝擊了政治，要求「把這個風煞下去。」他說「軍

12　《非凡的年代》，第 189 頁；《曲折發展的歲月》，第 633 頁。

事訓練、生產等可佔用一定時間，但不應該衝擊政治，相反，政治可以衝擊其他。」

羅瑞卿不能接受林對他抓軍事訓練的全盤否定，他在1965年1月初的軍委辦公會議上稱，1964年的軍事訓練成績是主要的，大比武始終貫徹了毛澤東思想。針對林彪的「政治可以衝擊其他」，羅說，政治不能亂衝擊一氣，不能搞空頭政治。他又說，有些時候要突出政治，有些時候要突出軍事。林、羅之爭表面化了，勝負取決於毛澤東的態度。結果林彪告狀後，毛站到了林一邊，於12月2日作了一個不利於羅的批示「那些不相信突出政治、對於突出政治表示陽奉陰違，而自己另外散佈一套折衷主義（即機會主義的人們，大家應當有所警惕。」他又說，羅「把林彪同志實際上當做敵人看待」，「羅是野心家」。[13] 在林、羅之爭中，毛終於捨棄羅瑞卿而支持林彪。

被控為反黨集團另一成員是陸定一，其主要罪名是：

> 一、反對工、農、兵學習學毛選，反對宣傳毛澤東思想。當時，林彪鼓吹，學習毛澤東思想要「活學活用」，「立竿見影」，不但要讀，而且要「背警句」。陸不同意。他說「讀了一篇文章就要解決什麼問題那是瞎吹牛！」「學習毛澤東思想不是當偶像，不要把毛澤東思想看成包羅萬象，把它庸俗化。不要貼毛澤東標籤。貼標籤好像同義和團差不多，念了一個咒，就刀槍不入一樣。」

> 二、在文藝、教育、體育等領域推行修正主義、資產階級路線，提倡題材自由化，不搞階級鬥爭，說「醫生治病，是不問病人屬於哪個階級的。」

---

13 《曲折發展的歲月》，第633頁。

三、與彭真一起，在文化大革命中包庇右派，壓制左派，不准革命，炮製反動的「二月提綱」。

四、反對林彪，是嚴慰冰反革命匿名信的幕後策劃者、指揮者。[14]

嚴慰冰反革命匿名信是怎麼回事？

嚴慰冰是陸定一的妻子，「三八式」幹部（按指1938年抗日戰爭中參加共產黨革命的幹部），中宣部處長。她大概有點神經病。總而言之，長期以來，她不斷寫匿名信給林彪和葉群，攻擊這兩個人。嚴與葉群關係歷來就不好。早在延安時期，她就看不慣葉群。延安整風中，她與葉在一起，她懷疑葉十六歲就在北平入黨的說法有假。她又聽說，葉在北平同一個男人有過曖昧關係。不久，葉與林彪結婚。六十年代初，嚴聽說，林、葉二人對林彪與前妻所生的女兒林曉霞很不好，就開始寫匿名信給林、葉，對二人進行批評指責，持續好幾年。1966年初，公安部終於查出，此事為嚴慰冰所為。政治局常委2月上旬委託彭真把此事告訴陸定一，陸表示，對嚴寫匿名信毫無所知，並說她神經不大正常。他表示，儘管如此，他仍願引咎辭職。彭說，中央並不要他辭職。3月，陸離京去南方視察，5月8日被召回北京，參加政治局擴大會議。他妻子寫匿名信成為他的罪狀之一。[15]

文化大革命前夕，毛一再談到發生修正主義的可能性，說只要領導一變，全國就改變顏色，這是最危險的。林彪投其所好，把彭、羅、陸、楊放在一起，說他們就是搞修正主義的反革命集團。毛、林一唱一和，彭、羅、陸、楊成為反黨集團。

14　程敏主編：《浩劫初起》，北京，團結出版社，1993年，第326-327頁。
15　同上，第322-324頁。

《五・一六通知》

經過 1965 年 12 月的上海會議、1966 年 3-4 月的北京軍委會議，4 月的杭州政治局常委擴大會議，彭、羅、陸、楊的問題已經定性。根據毛澤東的指示，中共中央政治局於 5 月 4 日至 26 日在北京舉行擴大會議，任務是：批判彭、羅、陸、楊，就他們的問題做出決議；通過一個通知，宣佈撤銷以彭真為首的「五人小組」和廢止《二月提綱》；成立新的文化革命領導機構。

會議由劉少奇主持，毛澤東繼續留在杭州，他無須出席會議也可以保證會議按他的意志進行。出席者共七、八十人，其中政治局委員和候補委員不足三十人。大批毛的左派親信參加了會議。會議的主要發言人是陳伯達、康生、張春橋，陳、康二人只是政治局候補委員，張則連中央委員都不是。他們對彭、羅、陸、楊作全面系統的揭發批判。會議做出決定，停止彭真、陸定一、羅瑞卿的中央書記處書記的職務；停止楊尚昆中央書記處候補書記的職務；撤銷彭真北京市委第一書記和市長職務；撤銷陸定一中宣部部長職務。會議決定調陶鑄任中央書記處常務書記，並兼任中宣部部長；調葉劍英任中央書記處書記，兼中央軍委秘書長；調李雪峰任北京市委第一書記。[16]

會議於 5 月 16 日通過《中國共產黨中央委員會通知》，簡稱《五・一六通知》。

這是關於開展無產階級文化大革命的第一個重要文件。《通知》的主要內容是批判《二月提綱》。這個文件明明是彭真召開」五人小組「會議制訂，經過中央政治局常委討論通過，

16　《中國共產黨六十年》，第 580 頁。

又由彭親自向毛彙報，然後下發的。然而，由毛澤東主持制定的這個《通知》卻說，《二月提綱》「實際上只是彭真一個人的彙報提綱，是彭真背著「五人小組」成員康生同志和其他同志，按照他自己的意見製造出來的。」劉少奇、周恩來、朱德、鄧小平等政治局常委明明知道這與實際情況不符，但是，他們沒有一個人出來為彭真說話。上海會議批鬥羅瑞卿，鄧小平對羅還表示了一絲同情，他對羅說，如果感到有委曲，可以保留不同意見。後來回到北京繼續批羅，鬥爭升級，鄧也不說話了。《通知》認為，《提綱》「根本顛倒了敵我關係」，企圖「把文化領域的政治鬥爭，納入資產階級經常宣揚的所謂『純學術』討論的軌道。

　　《通知》批判了《提綱》所主張的「在真理面前人人平等」、「不要像學閥一樣武斷和以勢壓人」等觀點，然後指出，這場文化大革命的目的是要「徹底揭露那批反黨反社會主義的所謂『學術權威』的資產階級反動立場，徹底批判學術界、教育界、新聞界、文藝界、出版界的資產階級反動思想，奪取在這些文化領域中的領導權」。緊接著，毛澤東親自加寫了下面兩段：

> 「而要做到這一點，必須同時批判混進黨裡、政府裡、軍隊裡和文化領域各界的資產階級代表人物，清洗這些人，有些則要調動他們的職務。」

> 「混進黨裡、政府裡、軍隊裡和各種文化界的資產階級代表人物，是一批反革命的修正主義份子，一旦時機成熟，他們就要奪取政權，由無產階級專政變為資產階級專政。這些人物，有些已經被我們識破了，有些則還沒有被識破，有些正在受到我們重用，被培養為我們的接班人，例如赫魯雪夫那樣的人物，他們現正睡在我們的

身旁。」[17]

這段令人驚心動魄的文字，直指長期以來就已確定為毛的接班人的劉少奇。具有諷刺意味的是，劉當時正在主持會議，通過這個將給他帶來滅頂之災的《通知》。

這次會議上，發表主旨演說的是林彪。他在 5 月 18 日的會議上發表長篇講話，要點有二，一是反復地、不厭其煩地、肉麻地吹捧毛澤東，說毛是世界幾百年、中國幾千年才出現一個的天才；毛的話「句句是真理，一句超過我們一萬句」；毛永遠是「我們黨的最高領袖……誰反對他，全黨共誅之，全國共討之。」二是發揮毛所說的反革命修正主義份子奪權的問題。林彪列舉了古今中外許多宮廷政變的事例，大談可能發生反革命政變的問題。他說，在中共黨內，「野心家大有人在，他們是資產階級的代表，想推翻我們的無產階級專政……。他們待機而動，他們想殺我們，我們就要鎮壓他們。」他指出，彭、羅、陸、楊就是這樣的反革命修正主義份子，就是這些人要搞反革命政變。劉少奇、鄧小平主持下的中共中央在印發這個講話時，大捧林彪，說「林彪同志 1966 年 5 月 18 日在中央政治局擴大會議上的講話，是一個極為重要的馬克思列寧主義的文件，」「是指導無產階級文化大革命的一個重要文件」，要求全黨認真學習。

會議根據毛的指示，決定成立新的中央文化革命小組（簡稱中央文革），直接隸屬於政治局常委之下。小組由陳伯達任組長，江青任第一副組長，康生任顧問，張春橋、姚文元等人都成為小組成員。隨著《五‧一六通知》的制定和中央文革

17　余弓主編：《林彪事件真相》，北京，中國廣播電視出版社，1988 年，第 394 頁。

的成立，無產階級文化大革命全面展開了。

第三章 兩個司令部

　　從1965年11月離開北京以後，毛澤東一直留在南方。
5月政治局擴大會議批判了「二月提綱」，清洗了彭、羅、
陸、楊。這時，毛需要解決的問題，是如何把群眾發動起
來，進行一場政治大革命。他事先沒有通知政治局其他常
委，就積極支持並廣泛宣揚北京大學一張批判該校黨委的
大字報，以鼓動學生起來造反。7月中旬，他離杭州，經
武漢，在長江中游泳，並對全國人民說，長江裡的大風大
浪並不可怕。全國報刊大吹大捧，說毛澤東是如何健康，
氣魄如何偉大，中國人民有了這樣的領袖又是如何幸福等
等。毛在炙熱的個人崇拜氣氛中回到北京。他一回來就在
派工作組問題上批評劉少奇、鄧小平，並且決定召開中共
中央八屆十一中全會，開展對劉、鄧的批判。接著，在毛
的支持下，紅衛兵走上歷史舞臺，文化大革命的狂飆惡浪
席捲全國。

「橫掃一切牛鬼蛇神」

　　《五一六通知》發向全黨以後，毛澤東所關心的是如何真正把群眾發動起來，投入這場「反修防修」的大革命。康生是懂得毛澤東的意圖的，他決定以北京大學為起點，先把北大的學生發動起來。於是，他派自己的妻子曹軼歐去北大，找到北大哲學系中共黨總支書記聶元梓。曹知道聶與北大黨委書記兼校長陸平有矛盾，而陸平則是北京市委和高等教育部信任的人。曹向聶授以機宜，要她起來帶頭攻擊校黨委和北京市委，把文化大革命之火往上燒。聶有了堅強後盾，欣然從命，她聯合另外六個人，於 5 月 25 日聯名貼出一張大字報，點名批評北京市委大學部副部長宋碩，北大黨委正、副書記陸平、彭佩雲，指出：文化大革命開始以來，「北大按兵不動，冷冷清清，死氣沉沉，廣大師生的強烈的革命要求被壓制下來，……這裡有鬼！」大字報要求「打倒修正主義的種種控制和一切陰謀詭計，堅決、徹底、乾淨、全部地消滅一切牛鬼蛇神，一切赫魯雪夫式的修正主義份子。」

　　這張大字報在北大引起了震動，因為它居然敢於白紙黑字、指名道姓地攻擊黨委負責人，在共產黨統治下的中國，這還了得！這是反黨、反革命罪行！大批的黨團員和積極份子絕不能坐視不顧。於是，聶元梓等人遭到了數百張大字報的反擊。但是，聶也一些有支持者。總之，聶元梓的大字報一出，北大就開始混亂起來。坐鎮北京的中央負責人劉、鄧等不知毛澤東的意圖就是要亂，他們認為首都不能亂，並命令新的北京市委第一書記李雪峰到校講話，穩定局面。李對全校師生指出，黨有黨紀，國有國法，鬥爭要有組織紀律，不能亂七八糟，亂攻一氣。周恩來也派人到校，指示說，貼大字報要內外有別，

不要亂貼。意思是說，北大有不少外國留學生，所以不能把黨內不同意見貼到牆上。總之，雖然沒有點名批評聶元梓，但顯然不支持一個黨總支書記帶頭攻擊校黨委。

聶元梓受到多數師生圍攻，覺得壓力很大。康生連忙把她的大字報報告給在杭州的毛澤東。毛很欣賞，於 6 月 1 日批示「此文可以由新華社全文廣播，在全國各報刊發表，十分必要。北京大學這個反動堡壘從此可以開始打破。」1 電臺奉命當晚向全國廣播，北京的政治局常委只是在廣播前十幾分鐘才接到康生通知，知道這張大字報要向全國廣播。在廣播聶元梓大字報的前一天，即 5 月 31 日夜晚，《人民日報》實行改組，陳伯達奉中共中央之命，率領中央工作組進駐該報，奪了吳冷西的領導權。吳是彭真的五人小組成員，新華社社長兼《人民日報》總編輯，中共中央與蘇共中央論戰寫作班子的重要成員之一，北京政壇上的一個活躍人物。他長期為中央所重用，但在林彪掀起個人崇拜高潮後，他在宣傳上跟不上步調，落在《解放軍報》後面，形成所謂「軍報領導黨報」的局面。5 月31 日下午，鄧小平以總書記身份召開北京各報、廣播電臺、新華社領導幹部會議，宣佈陳伯達率工作組進入《人民日報》的決定。工作組包括解放軍總政治部宣傳部長錢抵千、《解放軍報》的副總編唐平鑄、胡癡等人。體現了毛的極左派親信同軍隊相結合，奪取黨中央機關報的領導權。為加強對輿論的控制，陳伯達進駐《人民日報》後規定，新華社、中央人民廣播電臺的負責人，每天晚上必須到《人民日報》聚會，研究和佈置第二天的宣傳要點，確定要發表的重要稿件。在中國，黨報社論代表黨的聲音，影響極大。陳伯達進《人民日報》後的短

1　王年一：《大動亂的年代》，河南，河南人民出版社，1988 年，第 30 頁。

短幾天，就圍繞文化大革命這個主題，發表了題為「橫掃一切牛鬼蛇神」、「歡呼北大的一張大字報」、「奪回資產階級霸佔的史學陣地」、「毛澤東思想的新勝利」、「撕掉資產階級自由、平等、博愛的遮羞布」、「做無產階級革命派，還是做資產階級保皇派」、「我們是舊世界的批判者」一批殺氣騰騰的社論。影響最大的是 6 月 1 日的社論「橫掃一切牛鬼蛇神」。這篇由陳伯達口授，由錢抵千、唐平鑄、胡癡三人突擊寫成的社論，不但吹響了文化大革命的進軍號，而且為一場空前的大劫難定了調。社論號召人們起來「橫掃盤踞在思想文化陣地上的大量牛鬼蛇神……把所謂資產階級的『專家』、『學者』、『權威』、『祖師爺』打得落花流水，使他們威風掃地」，並且要求「徹底破除幾千年來一切剝削階級所造成的毒害人民的舊思想、舊文化、舊風俗、舊習慣。」青年學生首先響應號召，他們把校內的大批學者、專家、教授、教師、打成「反動權威」，把黨委書記或校長則打成「黑幫份子」或「黑線人物」。作家、演員、歌唱家、舞蹈家、畫家、社會名流等在「散佈資本主義或封建主義毒素」的罪名下也遭到「橫掃」。黨政機關和事業機構的文化大革命，在黨委領導下展開。根據「橫掃一切牛鬼蛇神」的動員令，黨委發動群眾互相貼大字報，互相揭發，以期把一切「有問題的人」揭發出來。結果一大批群眾作為「有問題的人」而遭到橫掃。鬧得最凶的是學校，學校當局控制不住局面，紛紛向北京市委求救。

　　6 月初，劉少奇主持政治局會議，討論如何應付當前的局面。根據常規，政治局認為既然黨委已經不起作用了，就要像派救火隊一樣，向學校和一部分文化單位派工作組，代行黨委職權。在中共的統治之下，一個單位沒有黨委領導是不可思議

的事情。由於局勢發展很快，至 6 月中旬止，絕大多數大專院校和中學都派遣了工作組。派往大專院校的工作組，由中共中央和國務院各部抽人組成，派往中學的工作組則由共青團中央派人。此外又向解放軍總政治部借調三百多人，組成工作組，進駐各文化單位。

6 月 9 日，劉少奇、周恩來、鄧小平飛往杭州，向毛彙報工作。在談到派工作組問題時，毛說「派工作組太快了並不好，沒有準備，不如讓它亂一下，混戰一場，情況清楚了再派。」[2] 這時工作組已經大量派出。劉少奇請毛回京領導文化大革命，毛未同意，說他還要在南方住一些時候。

工作組既然是去控制混亂局面、代行黨職權的，他們的立場必然同原來的黨委一致，而與起來造反的那部分群眾對立，所以北京許多大專院校很快就發生了學生攆工作組的現象。到 6 月 20 日左右，北京已經有 39 所大專院校攆走了工作組。

此時，劉少奇繼續用老眼光看問題。在他看來，工作組是黨派去的，代表黨，反工作組，就是反黨，就是右派，就是反革命。他用 1957 年反右派鬥爭中的「引蛇出洞」的辦法來對待反工作組的現象。6 月 13 日，他在一份文件上作了以下批示「當牛鬼蛇神紛紛出籠，開始攻擊我們的時候，不要急於反擊。要告訴左派，要硬著頭皮頂住。領導上要善於掌握火候，等到牛鬼蛇神大部分暴露了，就要及時組織反擊」。「對大學生中的反黨反社會主義份子，一定要把他們揪出來。」[3]

2　黃崢「劉少奇與文革初期的工作組」，《黨的文獻》雙月刊，北京，
　　1992 年第 6 期第 67 頁。

3　高臬嚴家其：《文化大革命十年史》，天津，天津人民出版社，1988 年，

　　6月18日，北京大學一部分學生把以陸平為首的四十餘名共產黨、共青團領導幹部和一些著名的學者教授作為「黑幫份子」，把他們集中起來批鬥，還給他們戴高帽、塗黑臉、拳打腳踢，遊街示眾。以張承先為首的北大工作組聞訊趕到，批評了這種不文明的做法，制止了事態擴大，並責令鬧事者承認錯誤，吸取教訓，工作組控制了局面。北京市委和中共中央欣賞北大工作組的做法。20日，劉少奇在北大工作組的報告上批道「北大工作組處理亂鬥現象的辦法是正確的，及時的。各單位如果發生這種現象，都可參照北大的辦法處理」。同日，北京師範大學第一附屬中學出現反工作組的大字報，劉少奇召見該校工作組說，這是「右派打著紅旗反紅旗」，又說「敵人出洞了，這個蛇出洞了，你們消滅它就容易了」。[4] 根據中央部署，從6月下旬開始，北京各高等院校工作組開展「反干擾」鬥爭，把反對工作組的少數學生和教師打成「假左派，真右派」，「反黨份子」，「反革命份子」等。工作組擁有絕大多數師生員工的支持，真正反工作組的是少數。他們被批鬥，被審查。清華大學一名反工作組的學生因經不起壓力而自殺身亡。亂烘烘的局面被控制住了，許多高等院校關起大門來「反干擾」，不許學生外出。北京市的領導認為中學教師隊伍成份複雜，需要加以清理。於是全體中學教師被集中起來，人人都要交代自己的問題。各大中學在工作組支持下成立了「文化革命委員會」或「文革籌委會」，來領導文化大革命運動。全國各大城市按北京的辦法行事。

　　此時毛則從杭州到他的家鄉韶山、從韶山到武漢。7月8

第 25 頁。

4　同上，第 27 頁。

日，他從武漢寫信給江青，這是一封重要的信件，他認為中國就要發生修正主義政變了，牛鬼蛇神都跳出來了，不如主動誘發一場革命，來一個「天下大亂」，通過「大亂」，達到「大治」。他寫道

> 「天下大亂，達到天下大治。過七、八年又來一次。牛鬼蛇神自己跳出來。他們為自己的階級本性所決定，非跳出來不可」。「有些反黨份子……他們是要整個打倒我們的黨和我本人。」「現在的任務是要在全黨全國基本上（不可能全部）打倒右派，而且在七、八年以後還要有一次橫掃牛鬼蛇神的運動，爾後還要有多次掃除」。「中國如發生反共的右派政變，我斷定他們也是不得安寧的，很可能是短命的，因為代表90％以上人民利益的一切革命者是不會容忍的。那時右派可能利用我的話得勢於一時，左派則一定會利用我的另一些話組織起來，將右派打倒。這次文化大革命，就是一次認真的演習。有些地區（例如北京市），根深蒂固，一朝覆亡。有些機關（例如北大、清華），盤根錯節，頃刻瓦解。凡是右派囂張的地方，他們失敗就越慘，左派就越起勁。這是一次全國性的演習，左派、右派和動搖不定的中間派，都會得到各自的教訓。」[5]

毛、劉二人是南轅北轍。毛要的是「天下大亂」，從「大亂」再達到「大治」；劉是墨守成規，到處滅火。7月18日，毛返回北京，先召見中央文革小組成員，聽取彙報，後召開政治局常委會議，聽取劉少奇的彙報。然後，他對文化大革命的發展情況表示不滿，批評政治局的做法，說文化大革命搞得冷冷清清，有些學校大門都關起來，有的人鎮壓學生運動。他說，工作組起壞作用，阻礙運動。他決定，撤銷工作組。中共黨章

5　葉永烈：《江青傳》，北京，北京作家出版社，1993 年，第 343 頁。

規定，黨內實行民主集中制，少數服從多數。按理，派工作組是政治局的一致決定，毛一個人不能推翻集體做出的決定。但是，毛實行獨裁統治，劉少奇等人長期以來甘願接受毛的獨裁統治，他們在派工作組問題上受了批評，仍一如既往，唯唯諾諾，不加申辯。根據毛的決定，7月29日在北京的人民大會堂召開大中院校師生代表大會，宣佈撤銷工作組。劉少奇作自我批評，在講話中說，他這個「老革命遇到了新問題」，他不知道文化革命怎麼搞，並表示對派工作組承擔責任。周恩來、鄧小平也作簡短講話，對派工作組承擔了責任。[6] 這是前所未有的新鮮事情，人們第一次聽到了這樣高的領導人公開認錯檢討。大會結尾時，毛突然走上主席臺，大廳內立刻群情沸騰，「毛主席萬歲！萬萬歲！」的呼聲震耳欲聾，劉、周、鄧等站在一旁，黯然無光。中共中央發出通知，宣佈撤銷工作組，學校停課半年鬧革命。文化大革命又如火如荼地開展起來了。

「炮打司令部」

　　毛澤東清洗彭真，多少還有些曲折。對於劉少奇，他採取了直截了當的做法。根據毛澤東的指示，中共中央於8月1日在北京召開八屆十一中全會，主要議程是：（一）討論和批准上屆全會（1962年10月舉行）以來，中央在國內外重大問題上的決策和措施；（二）討論和通過關於無產階級文化大革命的決議；（三）通過撤銷彭、羅、陸、楊職務的決定。實際上這次會議的主要內容是向劉少奇、鄧小平發起進攻。會前，毛沒有透露他的意圖，旁人並不知情。全會仍由劉少奇就第一

6　《文化大革命十年史》，第35頁。

項議程作報告，在談到文化大革命時，他承認自己犯了錯誤，說「特別是在工作組問題上出了問題，責任主要由我負。」2日和3日，大會發言，因為全黨都執行了派工作組的決定，所以許多人在發言中也就此作自我批評。

4日，原定繼續舉行大會，毛突然決定召開政治局常委擴大會，全會改開小組會。在常委會上，毛對劉發動突然襲擊，指責劉規定學校中班與班，系與系，校與校之間一概不許來往，聲色俱厲地指出「這是鎮壓，是恐怖！這個恐怖來自中央」。又說「牛鬼蛇神，在座的就有！」。劉少奇趕緊說「我在北京，要負主要責任。」毛諷刺說「你在北京專政嘛，專得好！」[7] 各小組傳達和討論毛的講話，全會議程發生了變化。

5日，毛向劉少奇實行了毀滅性的一擊，寫了《炮打司令部——我的一張大字報》，說五十多天裡從中央到地方的某些領導同志：

> 「站在反動的資產階級立場上，實行資產階級專政，將無產階級轟轟烈烈的文化大革命運動打下去，顛倒是非，混淆黑白，圍剿革命派，壓制不同意見，實行白色恐怖，自以為得意，長資產階級的威風，滅無產階級的志氣，又何其毒也！聯繫到1962年的右傾和1964年形左而實右的錯誤傾向，豈不是可以發人深省的嗎？」[8]

這張大字報誇大其詞，危言聳聽，不但批評了劉、鄧在文化大革命中的錯誤，而且還算了1962年刮所謂「黑暗風」、「單幹風」、「翻案風」和1964年四清運動的老帳。大字報雖然沒有點名，矛頭所向卻是十分清楚的。炮打劉少奇的司令

---

7 《大動亂的年代》，第53頁。
8 《毛澤東文章講話集》，北京，人民大學，1967年，第325頁。

部等於宣佈，劉在黨內領導著一個與毛相對立的司令部。在全黨全國把毛當成神一樣來崇拜的時刻，這是了不得的罪名。

全會奉命學習討論毛在常委會議上的講話和他的大字報。在外地休養的林彪也奉召來參加會議。8日，他在全會上發表講話，說文化大革命「開始蓬蓬勃勃，轟轟烈烈，一時間潑冷水，潑下去了，毛主席又把局面扭轉過來了」。他發揮毛澤東的「天下大亂」的思想，主張文化大革命「要鬧得天翻地覆，轟轟烈烈，大風大浪，大攪大鬧。這半年要鬧得資產階級睡不著覺，無產階級也睡不著覺。」[9] 中央委員們一個個噤若寒蟬，毛的親信康生、陳伯達、江青、謝富治、張春橋等人則在會上猛烈抨擊劉、鄧。

在把劉、鄧的問題公開提出後，毛建議改組中央領導，政治局全體委員照例遵命行事。毛暫時採取寬容態度，把劉、鄧保留在政治局常委內，但把自己的親信送進常委，常委由原來的七人增加為十一人，排列順序為：毛澤東、林彪、周恩來、陶鑄、陳伯達、鄧小平、康生、劉少奇、朱德、李富春、陳雲。林彪取代了劉少奇，成為黨的唯一副主席，劉降到第八位，陳伯達、康生成為常委。這是二十多年來中共中央領導最大的一次改組。

全會通過了《關於無產階級文化大革命的決定》（簡稱《十六條》）和撤銷彭、羅、陸、楊職務的決議等文件。《十六條》的最重要之點是規定「大中城市的文化教育單位和黨政領導機關，是當前無產階級文化大革命運動的重點，」指出這次運動的「目的是鬥垮走資本主義道路的當權派，批判資產階

9　余弓：《林彪事件真相》，北京，中國廣播電視出版社，1988年，第395頁。

級的反動學術『權威』，批判資產階級和一切剝削階級的意識形』，改革教育，改革文藝，改革一切不適應社會主義經濟基礎的上層建築，以利於鞏固和發展社會主義制度。」它提出開展文化大革命的基本路線是群眾路線，就是要「相信群眾，依靠群眾，尊重群眾的首創精神」，並且指出「革命不能那樣雅致，那樣文質彬彬，那樣溫良恭儉讓」，這樣就為文革中風行一時的殘暴行為提供了依據，儘管它又說，在辯論中「要用文鬥，不用武鬥」。[10]

八屆十一中全會的主題是向劉少奇發起進攻。後來周恩來曾說，毛採取了「剝筍戰術」，第一層剝掉吳晗、鄧拓、廖沫沙，第二層剝掉彭、羅、陸、楊，第三層就剝到了劉少奇和以劉為首的資產階級司令部。

1967 年 9 月 3 日，毛澤東會見阿爾巴尼亞總理謝胡，談到八屆十一中全會前後的情況。他說「當時多數人不同意我的意見，有時只剩下我自己……我只好將我的意見帶到八屆十一中全會上去討論，通過討論我才得到半數多一點的同意。」[11]毛此話與事實不符。毛的威望和個人專斷此時已達到頂點，他的意志不容拂逆，他的話就是聖旨。所以，他在八屆十一中全會上的各項建議，都是一致通過的。

紅衛兵運動

中共八屆十一中全會一結束，中國就爆發了震驚世界的

10　《關於無產階級文化大革命的決定》，北京，人民日報，1966 年 8 月 13 日。

11　《中共文化大革命重要文件彙編》，臺北，《中共研究》雜誌社 1973 年，第 210 頁。

紅衛兵運動。它是在毛的支持下發展起來的。

紅衛兵發源於北京市幾所高幹子女集中的中學。先是，5月政治局擴大會議後，彭、羅、陸、楊的問題還只傳達到黨內司局級幹部，但一小批在中學念書的高幹子弟從家中得知中共領導內部鬥爭的訊息。於是他們5月29日聚在一起，討論當時的局勢。他們聽說黨內出了反黨集團，有人要反對毛澤東。在濃厚的個人崇拜氣氛中，他們認為，作為革命的後代，捍衛毛澤東，捍衛無產階級的天下是他們的神聖職責。於是，6月2日在清華附中出現了一張署名「紅衛兵」的大字報，它寫道

> 「我們是保衛紅色政權的紅衛兵，黨中央毛主席是我們的靠山，解放全人類是我們義不容辭的責任，毛澤東思想是我們一切行動的最高指示。我們宣誓，為了保衛黨中央，為了保衛偉大領袖毛主席，我們堅決灑盡最後一滴血」。[12]

接著，北京大學附中、地質學院附中、石油學院附中、礦業學院附中、北京八一學校、北京二十五中等高幹子女集中的學校也出現了紅衛兵組織。

紅衛兵組織由高幹子女所發起，當時只吸收革命幹部、革命軍人（即1949年以前參加黨和軍隊的幹部）、革命烈士、工人和貧下中農的子女參加，就是所謂「紅五類」。他們人數不多，年齡在十七、八歲左右。在北大聶元梓的大字報和《人民日報》發出的「橫掃一切牛鬼蛇神」的號召鼓舞下，他們起來造反了。他們在學校大抓「牛鬼蛇神」，鬧得師生惶惶不安。工作組一進學校，就宣佈紅衛兵組織非法，命令他們解散。他們有的解散了，有的不服。清華附中的紅衛兵無視工作組的命

12　《文化大革命十年史》，第40頁。

令，於 6 月 24 日貼出一張題為〈無產階級革命造反精神萬歲〉的大字報，宣佈

> 「我們就是要掄大棒、顯神通、施法力，把舊世界打個天翻地覆，打個人翻馬仰，打個落花流水，打得亂亂的，越亂越好！對今天這個修正主義的清華附中，就是要大反特反，反到底！搞一場無產階級的大鬧天宮，殺出一個無產階級的新世界！」[13]

工作組宣佈取締紅衛兵組織後，他們又於 7 月 4 日貼出〈再論無產階級革命造反精神〉的大字報，表示其一反到底的決心。這兩張大字報引起了毛的興趣，他正需要有人起來造反。因此，8 月 1 日他親自寫信給清華附中的紅衛兵，對他們的造反表示「熱烈的支持」，並說，他們的大字報表明「對反動派造反有理」。清華附中學生的這兩張大字報和毛給學生的信，作為文件在八屆十一中全會上散發。毛的「左」派支持者們在全會上熱烈讚揚學生們的革命造反精神。全會公報稱讚說「一大批本來不出名的革命青少年成了勇敢的闖將」。為了造成聲勢，中共中央於 8 月 18 日在北京天安門廣場舉行「慶祝無產階級文化大革命」百萬人大會。毛澤東和他的親密戰友林彪以及全體中央領導人出現在天安門城樓上。林彪發表講話，號召全黨和全國人民起來，打倒黨內一小撮走資本主義道路的當權派，打倒資產階級反動權威，打倒一切牛鬼蛇神。他還要求人們大破一切剝削階級的舊思想、舊文化、舊風俗、舊習慣（破四舊）。毛澤東身著戎裝，接受百萬群眾的歡呼致敬。紅衛兵的代表獲得了特殊榮譽，來到天安門城樓上向毛和全體中共領導贈送紅衛兵的袖章。毛戴上紅袖章，意味著紅衛兵組織

13　《大動亂的年代》，第 51 頁。

得到了最高領袖的承認。於是，紅衛兵從「地下」走向「地上」，從學校走向社會，從北京走向全國。實踐他們要把舊世界打個落花流水的誓言，起來大造其反，造成了毛所要的「天下大亂」的局面。

破四舊

8月18日是紅衛兵最偉大的節日，他們用「我們心中最紅最紅的紅太陽」來稱呼毛澤東。天安門大會以後，一群群中學男女生紅衛兵，頭戴舊軍帽，身著舊軍裝，腰纏寬皮帶，臂戴紅袖章，威風凜凜地出現在北京街頭。這就是「老」紅衛兵，即8月18日以前就加入了組織的紅衛兵，以區別於這一天以後的紅衛兵。老紅衛兵是紅衛兵中的貴族，紅衛兵運動的首創者、毛澤東的狂熱崇拜者、特權階層家庭的子女、無產階級革命事業的接班人。就如同納粹黨徒宣揚雅利安族的高貴血統一樣，老紅衛兵也是「血統論」的信奉者，因為他們的父母是革命幹部或革命軍人，所以他們發明了這樣一副對聯「老子英雄兒好漢；老子反動兒渾蛋」，橫批是「歷來如此」。非「紅五類」家庭出身的學生被稱為「狗崽子」。毛澤東的接見使紅衛兵組織合法化以後，大批「紅五類」出身的學生加入紅衛兵，紅衛兵組織迅速發展壯大。他們響應林彪在8・18大會講話中的號召，起來打倒資產階級反動權威和一切牛鬼蛇神，大破舊思想、舊文化、舊風俗、舊習慣。

紅衛兵走上街頭，大破「四舊」，先是改街名，改店名。把舊時租界所在的東交民巷改名為「反帝路」，把蘇聯大使館所在街道改稱「反修路」，所有帶有舊時代特徵的街名和胡同名稱都改成革命的、現代化的名稱。所有商店招牌的舊招牌，

除了按地名、順序號和經營專業命名的以外，一律砸爛，統統改為「東方紅」、「工農兵」、「井崗山」、「東風」、「紅旗」、「紅衛」、「韶山」等有革命意義的招牌。據統計，上海第一商業局下屬 3,700 多家零售商店，被紅衛兵砸爛招牌，勒令改名的有 3,000 多家。這些「紅五類」出身的中學生們威風凜凜地進入商店，「勒令」停售以下「有問題」的商品：第一，無用的消費品，諸如口紅、高跟鞋、項鍊等裝飾品和高級的男女服裝等。第二，凡名稱、圖案、造型帶有帝王將相、才子佳人、神佛仙聖、福祿壽喜、龜鳳麟龍的商品。第三，帶有西方色彩的商品，如巧克力、白蘭地、威士忌等。因為他們是在大破封建主義和資本主義的「四舊」，大立社會主義的「四新」，所以他們的命令無人敢抗。僅據北京百貨大樓一處統計，被紅衛兵勒令停售的商品就達 6,800 多種，佔原有經營品種的 22%。

中共領導對紅衛兵的行動大加讚賞。8 月 23 日的《人民日報》以〈無產階級文化大革命的巨浪橫掃北京街頭〉的頭條通欄大標題，報導紅衛兵「破四舊、立四新」的「偉大革命行動」。無產階級司令部的熱烈支持，使得小將們神氣百倍，不可一世。他們的要求也越來越乖張。例如，他們以紅色象徵革命，白色象徵反動為由，要求廢止員警的白色制服，改著部隊的綠色軍裝；他們提出十字路口的紅綠燈也應當顛倒過來，革命的紅色表示「通行」，綠色表示「停止」；他們以推動世界革命為由，要求在外國人中組織國際紅衛兵。這些要求一直提到了總理周恩來那裡，周向紅衛兵解釋，交通要道的紅綠燈是國際通例，不能更改，組織國際紅衛兵涉及的問題更多，更不可能。至於員警制服，則接受他們的建議，由公安部於 8 月

28 日宣佈，員警白色制服作廢，今後改為戴解放軍帽，穿草綠上衣，著藏藍色褲子。

　　紅衛兵們得到了中央的支持，獲得了自由發洩其充沛精力的廣闊天地。他們像沒有理性的動物一樣，到處破壞，到處打人、抄家。他們打出身不好、被他們叫做「狗崽子」的同學，打他們認為執行了修正主義教育路線的校長和教師，他們給女教師剃陰陽頭，即把半邊頭髮剃光，讓她們出醜。在他們眼裡，什麼社會名流、知名人士、統戰對象、名作家、名教授、名演員等，統統是革命的對象。他們衝進這些人家中，大破四舊，大搜大砸。在短短時間內，北京共有 33,695 家被抄，錢財、書畫、文物被洗劫一空。這些紅衛兵還像當年納粹衝鋒隊員搜捕猶太人一樣，到處搜捕「四類份子」，即解放初期個人成分被定為地主、富農者，或是歷次運動中被定為反革命或壞份子者。一經查出，就拳腳相向，不少人當場就被打死。不死的就集中起來，成批地遣送下鄉，因為紅衛兵認為，社會主義中國的首都應當是最乾淨的，「四類份子」沒有資格住在這裡。在約一個月的時間內，北京就有 85,198 人被遣送還鄉，加上其他大中城市，共有約 40 萬「牛鬼蛇神」被趕到鄉下。《人民日報》8 月 29 日的社論這樣歌頌紅衛兵的「革命行動」：

> 一切藏在暗角裡的老寄生蟲，都逃不出紅衛兵銳利的眼睛。這些吸血蟲，這些人民的仇敵，正在一個一個地被紅衛兵揪了出來。他們隱藏的金銀財寶，被紅衛兵拿出來展覽了。他們隱藏的各種變天帳，各種殺人武器，也被紅衛兵拿出來示眾了。這是我們紅衛兵的功勳。

　　在當局熱烈的讚揚聲中，有些地方這種搜捕變成了成批的殺害，例如北京近郊的大興縣，從 8 月底到 9 月初的幾天內，

紅衛兵在十三個人民公社殺害「四類份子」及其家屬 325 人。中央不得不採取緊急措施，才制止了這股殺人風。

破「四舊」給中國文物古跡帶來了一場空前浩劫。在紅衛兵的手下，無論是亭臺樓閣，寺院道觀，碑坊雕塑，琴棋書畫，能砸的就砸，能燒的就燒，能推倒的就推倒。頤和園的佛香閣，洛陽的龍門石雕，曲阜的孔廟，凡此種種，紅衛兵所到之處，無一倖免。據 1958 年統計，北京保存下來的文化古跡有 6,843 處，1966 年夏短短一個月內，被紅衛兵毀掉 4,922 處。北京文物部門從煉鋼廠搶救出各種金屬文物計 117 噸，從造紙廠救出圖書 320 多萬噸。從紅衛兵抄家物資中選出字畫 18.5 萬餘件，古書 235.7 萬冊，其他文物 53.8 萬餘件。[14] 被毀壞的，不計其數。一些知名之士因不堪淩辱，自殺身亡。在以毛澤東為首的無產階級司令部的大力支持下，這批十七、八歲的中學生無法無天，橫衝直撞，打、砸、搶、抄、抓，無所不為，在全國範圍內，造成了持續數月之久的「紅色恐怖」。

大串聯

從 9 月起，紅衛兵運動轉入了「革命大串聯」。

先是在 6 月 10 日的杭州政治局常委會議上，毛提出，應當讓全國各地的學生免費「到北京大鬧一場」。以後幾個月，外地有不少學生來到北京「取經」。毛於 8 月 31 日在天安門廣場第二次接見全國來京的紅衛兵和師生。周恩來根據毛的意旨，在會上宣佈，全國各地大學生的全部和中學生的一部分代表，分期分批到北京來。9 月 5 日，中共中央又發出了〈關

14　同上，第 70 頁。

於組織外地革命師生來京參觀革命運動的通知〉，從而掀起了革命大串聯的高潮。從 8 月到 11 月，毛澤東在天安門分九次共接見來自全國各地的 1,300 多萬紅衛兵、學生、教師。在毛看來，這種每次一百多萬人參加的接見，是發動群眾的極好方式。天安門廣場和兩旁大街上，人山人海，當毛穿著綠軍裝出現時，青年們如醉如狂。「毛主席萬歲！萬萬歲！」的口號聲響徹雲霄。

上千萬的學生和教職員工從全國各地來到北京，造成鐵路運輸高度緊張。一節平日容納一百人左右的車廂，這時要容納二、三百人。北京全市學校和機關都騰出房屋，辦起接待站。在周恩來的倡議下，中南海也辦起接待站，接收外地學生住宿。

為了推動地方上的文化大革命運動，中央文革小組鼓勵北京紅衛兵到外地去煽風點火，促進當地的文化大革命。這樣，一批批北京紅衛兵去到全國各地，帶頭「炮轟」當地省市委，帶領當地學生起來造反。北方學生南下，南方學生北上。學生們到過首都，又去到他們願去的地方。上千萬學生在全國遊蕩，免費乘車、免費食宿，這就是「革命大串聯」。大串聯的費用由國庫開銷，大串聯擠佔了貨物運輸的運力，使大批物資積壓待運，特別是江南地區和內地需要的煤炭、木材、水泥、鋼材、礦建材料和食鹽等。水運、港口物資積壓，預計鐵路運輸到年底有 1,000 多萬噸物資運不出來。鑒於鐵路運輸極度緊張和嚴冬即將來臨，中共中央和國務院從 10 月底起三令五申，停止串聯，這個活動直到次年才漸漸停止。

批判資產階級反動路線

「革命大串聯」開始不久，以毛澤東為首的無產階級司令部又發動了一場批判資產階級反動路線的鬥爭。何謂資產階級反動路線（簡稱「資反路線」）？這是指劉少奇、鄧小平指導文化大革命運動的路線。按照毛的意思，這次文化大革命不但要革資產階級「反動權威」和「黨內走資本主義道路的當權派」的命，而且要革各級領導幹部的命。對此，林彪說得很清楚，他說：

> 「這次文化大革命是一場大批判的運動，就是對於幹部進行一次大批判、大審查、大教育運動，在某些意義上講，這次文化大革命就是對幹部的批判，就是批判幹部的運動。」[15]

以周恩來為首的國務院，在部署中央各部委的文化大革命運動時，也明確提出「要把所有幹部放到火裡燒一燒。」因此，鬥爭的矛頭應當指向上面。但是，劉、鄧領導運動時期，卻把矛頭指向下面，工作組在學校裡「排干擾」、「抓游魚」，打擊了一部分學生；一些部門的黨委在本單位號召橫掃牛鬼蛇神，打擊了一批群眾。運動一開始，學生就分裂為兩派，支持校黨委和工作組的多數派和起來造反而受打擊的少數派。當紅衛兵組織合法化、所有學校都成立了紅衛兵組織之後，紅衛兵也分裂為兩派，即反對黨委和工作組的少數派和支持黨委和工作組的多數派。許多地方的黨委利用多數派紅衛兵的支持，來保護自己，所以毛認為，不徹底批判劉、鄧的路線，運動的方向就不能徹底扭轉，文化大革命的目的就不能達到。

15　《林彪事件真相》，第 398 頁。

　　中學生紅衛兵只能「破四舊」，他們擔不起批判資反路線的重任，這個任務落在大學急進派紅衛兵的肩上。1966年10月1日，《紅旗》雜誌發表社論，指出在有些地方，有些單位，「兩條路線的鬥爭還是很尖銳，很複雜的。有極少數人採取新的形式欺騙群眾，對抗十六條，頑固地堅持資產階級反動路線，極力採取挑動群眾鬥群眾的形式，去達到他們的目的。」社論號召對資反路線展開徹底的批判。6日，北京高等院校紅衛兵革命造反總司令部（簡稱「三司」）根據中央文革的意圖，舉行十萬人批判資反路線的誓師大會。「三司」紅衛兵是北京大專院校中的少數派，亦即激進派，他們稱自己為造反派，而稱對立的多數派為保皇派或保守派。周恩來、陳伯達、康生、江青、張春橋等人參加他們的大會，表示無產階級司令部對他們的支持。屬於多數派的北京高等院校紅衛兵司令部（簡稱「一司」）和北京高等院校紅衛兵總司令部（簡稱「二司」）也開會聲討資反路線，無產階級司令部沒有人出席他們的大會。少數派因為被認為是「革命左派」而得意揚揚，多數派被目為保皇派而心懷不滿。兩派互不服氣，尖銳對立。

　　毛於10月9日至28日在北京召開中央工作會議，來批判劉、鄧的資反路線，參加的有中央各部門黨委的負責人，各大區、各省市、自治區黨委負責人。會議的主要發言人是陳伯達和林彪。陳伯達作批判資產階級反動路線的長篇發言，首先，他把文化大革命捧到天上，認為「可以無愧地說，整個文化革命運動，比巴黎公社，比十月革命，比中國歷來幾次大革命的群眾運動，都來得更深刻，更洶湧澎湃。這是國際上更高階段的無產階級革命運動。」其次，他點名批評劉少奇、鄧小平，說他們制定和執行了一條反對群眾的資產階級反動路線。

第三，闡述和宣揚毛澤東的相信群眾，依靠群眾的無產階級革命路線。第四，認為兩條路線的鬥爭還在繼續，有些人還在執行劉、鄧的路線。陳在講話中還批評了老紅衛兵的「老子英雄兒好漢」的謬論，表示支持大學生中最先起來造反的少數派。

　　林彪的長篇講話談了文化大革命中的情況；文化革命的必要性；怎麼搞文化革命三個問題。他說文化大革命的情況是兩頭的勁很大，中間就有一點勁頭不足，甚至還有一點頂牛，兩頭指的是毛和群眾，中間指的是黨的各級領導。他鼓吹實行毛的革命路線、亦即群眾路線，說無論可能發生什麼偏差，「革命的群眾運動，它天然是合理的」。他系統地論述了文化革命的必要性，並點名批評了劉、鄧。毛澤東很欣賞這兩個講話，命令印成摺頁冊，發給全國每個黨支部，每個紅衛兵組織。

　　25 日，毛發表講話，談了兩個問題，口氣和內容都比較平緩。一個問題是過去中央常委分一線、二線，他認為這個辦法不好，領導權分散了，黨內出現了好多「獨立王國」，他的意見在北京不能實行，十一中全會作了改變。另一個問題是文化大革命，他認為，這個運動時間很短，來勢很猛，只有五個月，可能還要搞兩個五個月，或許再長一點。各級領導幹部思想不通，有抵觸，可以理解。他希望他們，搞通思想，採取主動，領導好文化大革命運動。[16] 毛澤東把事情想得太簡單了，他以為中央工作會議一開，領導幹部思想一打通，他們就會領導群眾，在他設想的時間內，把文化大革命搞好。他沒有想到，對資反路線的批判把把黨的各級領導都放到了被動挨打的地位上，因為他們在運動初期毫無例外地都執行了劉、鄧路線，都派出了工作組、橫掃了牛鬼蛇神。批判資反路線就是批判黨

16　《毛澤東文章講話集》，第 330-332 頁。

的各級領導。果然，批判資反路線的運動一展開，激進派紅衛兵就發起了對黨政領導機關的衝擊。挨過整、受過壓的少數派紅衛兵首先起來，要求工作組回到學校，向受過他們打擊的學生賠禮道歉，公開檢討，接受批判。學生們還要求工作組發還他們整理的整學生的「黑材料」。工作組怕見紅衛兵，更不願隨紅衛兵一起返校，接受批鬥，他們也不願交還他們收集整理的材料。造反的紅衛兵於是就衝進工作組的派出機關抓人。例如，北京地質學院紅衛兵多次衝入國務院地質部，抓走副部長鄒家尤；北京航空學院紅衛兵在國防科委門前靜坐 28 天，迫使科委交出了司長趙如璋；北京外國語學院的紅衛兵衝入外交部，抓走了副部長劉新權。這些人都是在任工作組組長期間整人很凶的，劉新權在外語學院領導「反干擾」、「抓游魚」鬥爭，就整了不少人。建築工程學院的學生則包圍了建工部，揪鬥了部長賴際發。北京的激進派紅衛兵還在中央文革的鼓動下，紛紛南下，去發動南方各大城市紅衛兵，起來衝擊當地省、市委，揪鬥領導幹部。省、市委把人和材料轉移到軍區，紅衛兵就衝擊軍區。揪鬥領導幹部，衝擊領導機關的浪潮席捲各大中城市。許多省、市委領導依靠多數派紅衛兵來保護自己，多數派人數雖多，但政治上不佔優勢。少數派紅衛兵在無產階級司令部支持下，左衝右闖，肆無忌憚，使許多機關陷入癱瘓、半癱瘓狀態，全國開始出現「天下大亂」的局面。

聯動

　　毛澤東在他的著作裡曾熱烈歌頌二十世紀二十年代的湖南農民運動，描繪了農民鬥爭地主的辦法。六十年代的紅衛兵從中獲得啟示，照此辦理。把共產黨的幹部揪來，像當年地主

一樣地進行鬥爭。給幹部們戴高帽，掛黑牌，罰他們彎腰、「坐噴氣式」、下跪、押著他們遊街示眾。共產黨各級幹部受到如此凌辱，不敢言，不敢怒，因為這是在執行「毛主席的革命路線」，因為「這次運動就是批判幹部的運動」。他們在被批鬥以後，還要表示支持紅衛兵的革命行動。否則，只有以自殺來逃避這種痛苦。

揪鬥領導幹部，尤其是揪鬥革命老幹部激怒了老紅衛兵。曾幾何時，他們在「老子英雄兒好漢」的大旗之下為所欲為，不可一世，現在突然發現他們引以自豪的父母被指控執行了資反路線，而受到少數派紅衛兵的揪鬥和侮辱。他們接受不了這個現實。11月下旬的一天，他們在北大附中集會，商討如何看待這個形勢。他們認為這種搞法不對，不應當以老幹部為革命的對象，但是他們又不敢反對文化大革命，更不敢反對毛澤東，於是他們把矛頭指向中央文革，指出打倒老幹部是中央文革一夥新貴的陰謀。他們公開提出「不許亂揪革命的老前輩」、「中央文革的方向路線錯了」等口號，並於12月26日成立了他們的組織「首都紅衛兵聯合行動委員會」。在不長的時間內，他們就聯合了上海、長沙、新疆等地的五百多個紅衛兵組織。他們到處貼標語，搞辯論，反對紅衛兵「三司」，反對中央文革。這是對文化大革命第一次有組織的反抗。

中央文革此時正得毛澤東的信賴，權勢赫赫，如日中天。十七、八歲的「聯動」成員居然敢向它挑戰，令人矚目。中央文革的人一面嘲笑「聯動」是「保爹保媽派」，一面調動首都「三司」來對付「聯動」。這群中學生勇氣不小，在中央文革的壓力面前，針鋒相對地貼出「中央文革某些人不要太狂了」、「中央文革把我們逼上梁山，我們不得不反」等大標語，並且

主動找「三司」紅衛兵辯論。

「聯動」人數雖少，但能量很大。他們的口號反映了廣大幹部、尤其是高級幹部的心聲，周恩來只敢暗暗地對他們表示一點同情，這使他們感到很大鼓舞。與「聯動」相似的組織當時不止一個，中央文革認為應當認真對待。於是，他們開始採取堅決措施來鎮壓「聯動」。從 12 月起，公安部以反對中央文革就是反革命為由，逮捕「聯動」骨幹份子。中央文革發動中學紅衛兵和「三司」紅衛兵聲討「聯動」，雙方發生暴力衝突。1967 初，「聯動」三次衝擊公安部，要求釋放他們被捕的夥伴。此舉使中央文革的江青等人大為惱怒，決定採取斷然措施。經過中央批准，公安部長謝富治正式宣佈「聯動」為反革命組織，逮捕其頭目和骨幹一百餘人，其中許多是高幹子弟。首都「三司」調集大批紅衛兵，搗毀了「聯動」在清華附中、北大附中、八一學校、工院附中、石油附中等處的據點。直到 1967 年 4 月，經過毛澤東批准，被捕的「聯動」成員才被釋放。[17]

「聯動」被取締，意味著最早起來造反的老紅衛兵走向了反面。1967 年 1 月，無產階級革命派在全國奪權，以工人為主體的革命造反派走上歷史舞臺，兩派紅衛兵同成年人的兩派組織分別結合起來，大打「派仗」，紅衛兵運動的高潮成為過去。

---

17 喬伊、徐雅雅「聯動事件始末」，《追求》雙月刊，北京，1986 年第 5 期。

第四章 大動亂

　　文化大革命稱為十年動亂，1967 年是動亂的頂峰。這一年發生了一連串震動全國、乃至震動世界的大事件。但是，在敘述這些發展以前，要先介紹一下革命造反派。

革命造反派

　　在文化大革命中，當權派和群眾有明確的含義。當權派指科長或黨的支部書記以上的各級幹部。一般的人稱革命群眾，有別於運動中的打擊對象、專政對象、審查對象。像學生一樣，群眾也組織起來，並分裂為誓不兩立的兩大派。一派稱為革命造反派，一派稱為保守派。保守派並不承認自己是保守派，他們也自稱造反派，後來造反派不吃香了，他們自己改稱無產階級革命派。兩派都是文化大革命的主力軍，各有千秋，後來的書刊、廣播、電視，把文

化大革命中為非作歹的人一概稱為造反派，是一種誤解。

革命造反派的發源地是上海，時間是 1966 年秋季，比紅衛兵略晚。起因是批判劉、鄧的資反路線。當年 10 月，上海國棉十七廠的青年幹部王洪文等人，組織「永遠忠於毛澤東思想戰鬥隊」，起來造本廠黨委和曾在該廠工作過的工作隊的反。隨著批判資反路線運動的發展，上海各機關、企業、事業單位都出現了自發性的群眾組織。11 月上旬，工廠的群眾組織聯合起來，組成以王洪文為首的「上海工人革命造反總司令部」（簡稱「工總司」），這是全國最早最有名的工人造反組織。在共產黨管理下的中國，只有官辦的工會、婦聯、青聯、學聯，沒有見過脫離共產黨領導的「造反」組織。以陳丕顯、曹荻秋為首的中共上海市委，根據北京的指示，拒不承認「工總司」是什麼革命的群眾組織。於是，王洪文率領一千多「工總司」成員，於 11 月 10 日強行登上北上的火車，去北京告狀。上海市委下令停車，火車停在離上海不遠的安亭，工人臥軌攔車，造成京滬線交通中斷，稱為「安亭事件」。事件驚動了北京。中央派張春橋到上海解決問題，張裁決「工總司」是革命組織，上海市長曹荻秋應向群眾承認錯誤和檢討。張的裁決得到毛澤東的支持。[1]

11 月中、下旬，國務院召開工交系統會議，會上中央各部長和省市負責人反對工人成立垮行業的群眾性組織，反對工礦企業像黨政機關、文化部門那樣搞文化大革命。林彪奉命到會上講話，嚴詞批評這種意見，要求讓文化大革命「席捲全國」，「席捲每個領域，滲透每個領域」。[2]工人不准成立組織，

1 葉永烈：《張春橋傳》，北京，作家出版社，1993 年，第 160 頁。
2 譚宗級等：《十年後的評說》，北京，中共黨史資料出版社，1987 年，

工廠不搞文化大革命的禁令被打破，造反組織在各行各業出現了。

　　毛澤東既支持紅衛兵造反，又支持革命造反派。他是想借助群眾力量，對共產黨實行一次清洗。他的目的，如《十六條》所說，是要「鬥垮走資本主義道路的當權派，批判資產階級的反動學術權威，批判資產階級和一切剝削階級的意識形態，改革教育，改革文藝，改革一切不適應社會主義經濟基礎的上層建築，以利於鞏固和發展社會主義制度」。但是，對於革命造反派來說，他們起來造反，是出於各種不同的動機。他們大多出身不好，有的在文化大革命初期或以前挨過整，不滿意；有的對本單位領導有意見，要發洩；有的長期以來，政治上受歧視，受壓抑；有的根本就不喜歡共產黨的這一套制度。總而言之，他們在政治上不受重用，不得意，低人一等，與紅衛兵中的少數派一樣。但是，壓制越久，反抗越強。一旦蓋子揭開，反作用是很大的。而且，毛號召人們起來造反，但他並沒有說清楚，什麼人算是「走資本主義道路的當權派」，什麼人算是「反動權威」。共產黨統治下的中國，政治上歷來是一窩風。這時，凡是「當權派」，無不「走資本主義道路」，凡是「學術權威」，無不「反動」。過去，是黨員就高人一等，是領導就更加威風。現在，革命造反派翻身了，他們在「造反有理」的大旗下，實行「以其人之道，還治其人之身」，拿大革命時期農民鬥爭地主的辦法，來對付共產黨的各級領導幹部。這就叫「革命造反」。

　　革命造反派最活躍的時間不過一年，即 1967 年。他們是所謂「一月風暴」的主力軍，按照毛的號召，在全國進行了奪

第 52 頁。

權鬥爭。他們始終面對著一個強大的反對派，即保守派。工人中的保守派，同保守派紅衛兵差不多，他們大多出身好，黨、團員多，勞動模範多、積極份子多，文化大革命前政治上是受重用的，他們有一種優越感，看不起造反派。中間狀態的群眾往往跟他們走，所以他們人數眾多。他們同情黨委，同情老幹部，所以，軍隊大多支持他們。上海的保守派叫做「捍衛毛澤東思想工人赤衛隊」，成立時擁有八十萬人之眾。「工總司」有六十萬人。

造反派起而造反，一度鬧得天翻地覆，但是，他們的奪權鬥爭往往不大成功，因為受到了強大的保守派的抵制。他們註定是要失敗的，因為他們的目標，同毛並不一致。毛的最終目的是要大大強化他的那個制度，而造反派，不管他們自覺與否，是要打爛那個制度。他們只在文化大革命初期對毛澤東有用。一旦天下真正大亂了，毛卻覺得形勢不妙了，造反派就沒有用了，就成了「懷疑一切」、「打倒一切」的極「左」派了。保守派轉而成為新的寵兒，成為文化大革命的骨幹力量。保守派後來同軍管人員一起，對造反派實行報復，把他們統統打成「五一六反革命份子」。同紅衛兵一樣，造反派為自己的造反行為付出了沉重的代價。

一月風暴

從 1966 年 8 月到年底，文化大革命的主要內容是批判劉、鄧的資反路線。這裡關係到的，是如何進行文化大革命的問題，還沒有進入運動的主題。1967 年元旦，《人民日報》發表社論，傳達毛澤東的指示：

「1967年將是全國全面開展階級鬥爭的一年。」

何謂「全國全面的階級鬥爭」？不幾天，事情就揭曉了。中國發生了驚天動地的大事件，就是稱為「一月風暴」的全國全面大奪權。事情發生在上海。

1月4日，上海《文匯報》內部的群眾組織《星火燎原革命造反總部》宣佈，造反派奪了這家報紙的一切權力。次日，上海市委機關報《解放日報》的造反派也宣告奪權。1月5日，「工總司」等十一個革命造反派組織在《文匯報》上發表題為「抓革命，促生產，徹底粉碎資產階級反動路線的新反撲」的告上海市人民書，主要內容是譴責「赤衛隊」工人，因為不滿批判資反路線而消極怠工，擅離職守，放棄生產，破壞交通。次日，工總司、上海機關革命造反聯絡站等組織在人民廣場舉行十萬人大會，提出打倒以陳丕顯、曹荻秋為首的上海市委的口號。

「赤衛」隊工人之所以離開工作崗位，是因為不久前，兩派工人曾在上海市委機關所在地康平路發生一場大規模的武鬥。數萬名赤衛隊員進駐康平路，打算保護市委，遭到十幾萬造反派工人的突然襲擊和圍攻，數萬人的隊伍被打散，許多人受傷。赤衛隊工人拒絕上班工作，以示抗議。

毛澤東支持上海造反派的奪權，並以一系列積極行動，把這個鬥爭推向全國。1月8日，毛澤東對上海造反派的大會和打倒上海市委的口號做出反應。他說「這是一個階級推翻一個階級，這是一場大革命」。「上海革命力量起來，全國就有希望。它不能不影響整個華東，影響全國各省市」。「不要相

信，死了張屠夫，就吃混毛豬。」[3] 次日，《人民日報》根據毛的指示，全文轉載上海造反派的〈告上海市人民書〉，並在編者按中傳達了毛的意見。

11 日，中共中央、國務院、中央軍委、中央文革聯名向工總司等上海革命造反組織發去賀電，表示支持他們的革命行動，號召全國向上海學習。上海各行各業、各部門、各單位的造反派首先響應號召，紛紛奪權。

16 日，《人民日報》發表評論，傳達毛澤東的「最新指示」「從黨內一小撮走資本主義道路當權派手裡奪權，是在無產階級專政條件下，一個階級推翻一個階級的革命，即無產階級消滅資產階級的革命」。評論號召革命派「堅決向黨內一小撮走資本主義道路的當權派奪權。」

22 日，《人民日報》發表經毛澤東親自審定的、題為〈無產階級革命派大聯合，奪走資本主義道路當權派的權！〉的重要社論。社論說：

> 「一場無產階級革命造反派大聯合展開奪權鬥爭的偉大革命風暴，在我們偉大領袖毛主席的偉大號召下，正以排山倒海之勢，雷霆萬鈞之力，席捲全中國，震動全世界。
>
> 無產階級革命造反派最盛大的節日來到了！一切牛鬼蛇神的喪鐘敲響了！讓我們高舉起雙手，熱烈地歡呼：無產階級革命造反派的大聯合，奪走資本主義道路當權派的權好得很！就是好得很！
>
> 這是我國無產階級文化大革命的一個新的飛躍。這是今年展開全國全面階級鬥爭的一個偉大開端。」

3　同上，第 40-43 頁。

「有了權，就有了一切；沒有權，就沒有一切。」

「聯合起來，團結起來，奪權！奪權！奪權！！！」

共產黨的報紙號召群眾，向共產黨的領導機關奪權，真是天下奇聞！毛澤東為什麼要做出這樣一個決策？我們可以從當時的形勢和毛所說的「不要相信，死了張屠夫，就吃混毛豬」這句話裡，獲得一點消息。當時，造反之風勁吹，大批合同工、臨時工大造其反，說他們的待遇低於正式工，是資反路線的表現，他們要求提高和補發工資，上海鬧得特別厲害。上海市政當局抵擋不住，就給鬧事者大發工資，加以「赤衛隊」工人罷工，上海面臨停水、停電和交通停頓的危險。以「工總司」為首的革命造反派，認為「走資派」和保守派相勾結，大刮「經濟主義妖風」，目的是破壞文化大革命。提出奪權，是為了粉碎「走資派」的「陰謀」。毛澤東過高估計了所謂「經濟主義妖風」的嚴重性，過高估計了他駕馭局勢的能力，他想通過奪權來推動文化大革命的進一步開展，而沒有充分估計到這一著帶來的嚴重問題。他以為，沒有上海市委和工人「赤衛隊」那班「張屠夫」，未必就要吃「混毛豬」。此時，他仍然躊躇滿志，認為通過奪權，可以改革舊的國家機器，建立嶄新的國家機器。為了做到這一點，他提出，奪權以後，作為過渡性措施，要建立一個臨時性的權力機構，來代替原來的政權機關，就叫革命委員會，其中有幹部代表、軍隊代表、群眾代表參加，這叫做「革命的三結合」。

但是，奪權引起的卻是大混亂。

首先，奪誰的權？當然是奪「走資本主義道路的當權派」的權。那麼，誰是「走資本主義道路的當權派」呢？沒有時間來討論。正像周恩來1月21日在軍委擴大會議上傳達毛澤東

的指示所說的那樣，不能先分是不是「走資派」，「應該奪過來再說，不能形而上學，否則受到限制，奪來後是什麼性質的當權派，在運動後期再判斷。[4] 結果，不是像報紙社論號召的那樣，向「一小撮走資派奪權」，而是全面地、普遍地奪權，被控執行了劉、鄧資反路線的各級負責幹部，統統都變成了走資派，而被打倒了。他們的問題都要等到運動後期，才能作結論。

第二，誰來奪權？當然是報上說的「無產階級革命派」。正如周恩來1月26日指出「奪權者必須是真正的革命左派，就是革命造反派，不能是右派，保守派，中間派的假奪權。」[5] 這樣一來，就把「革命左派」的桂冠戴在造反派的頭上了。造反派興高彩烈，保守派大不服氣。造反派說，他們是從批判資反路線的鬥爭中衝殺出來的，是響噹噹的革命左派。保守派說，造反派造的是共產黨的反，只有他們自己對毛主席最忠，對黨最有感情，他們也批判資反路線，他們才是革命左派。在奪權問題上，保守派寸步不讓。他們深知，如果讓了步，就等於承認自己是保守派或保皇派。造反派在文化大革命前受壓抑，文化大革命初期挨過整，保守派幫助當權派整過他們，也是執行了資反路線的。現在造反派剛翻身，他們認為，保守派就是保當權派的保皇派，不是什麼「革命左派」，這是《人民日報》社論說過的。雙方的鬥爭變成你死我活的了。

第三，如何奪權？按當時的辦法，中央和地方不同。地方上由省、市委開始，從上到下，所有部門、單位都奪，奪所

4　同上，第334頁。
5　《中共研究》雜誌社：《中共文化大革命重要文件彙編》，臺北，民國六十二年，第227頁。

謂黨、政、財、文大權。標準的做法是：革命造反派宣佈奪省委、市委或本單位的權，省市委或本單位原來的領導幹部中，應當有人出來表示支持造反派奪權，這叫「亮相」，這種幹部叫做「亮相幹部」，就是已經「亮」了支持革命左派的「相」。如果造反派認可，「亮相幹部」就成為「革命領導幹部」，同軍隊的代表一起，被結合進革命委員會。這就叫奪權。在中央，則規定中共中央和國務院機關，只允許奪文化大革命的領導權和業務工作的監督權，即該部門的文化大革命運動由造反派領導，業務工作體系不變，造反派可以發揮監督作用。

但是，奪權的實踐並沒有按照標準方式發展，而是五花八門，亂成一團。

大部分地方，革命造反派居於少數，保守派是多數，有時，造反派組織之間還鬧矛盾，不能團結一致，權奪不下來。有鑑於此，根據毛澤東指示，中共中央、國務院、中央軍委、中央文革於 1 月 23 日發出命令，宣佈由解放軍支持革命左派群眾奪權。[6] 但是在大多數情況下，軍隊沒有支持造反派，而是支持了保守派。結果加劇了兩派矛盾，激化了兩派鬥爭。過去，兩派圍繞著「保皇」還是「不保皇」的問題而鬥爭，現在大家都在漂亮的政治口號下，為了自己一派的利益而鬥爭。文鬥變成了武鬥，武鬥變成了全副武裝，動槍動炮動坦克的內戰。全國亂成一片，只得實行軍管。於是，全國成為一個大兵營。後來，由中央出面，一個省一個省地解決問題，用了十八個月時間，才把全國28個省、直轄市一級的臨時權力機構——革命委員會建立起來。小部分領導幹部被「結合」進了革委會，大部分成了「待定性」的人，或在監獄，或在「五七幹校」勞

6　《中國共產黨大事記》，第 292 頁。

改，等待運動後期處理。這就是「一月革命」。

「打倒劉、鄧、陶」

1967年全國全面的階級鬥爭，是在「向走資本主義道路的當權派」奪權的鬥爭中開始的。「全國最大的走資派」是誰？就是劉少奇、鄧小平、陶鑄。「打倒劉、鄧、陶！」就是當時鬥爭的大方向。

1965年初，毛澤東就下決心清除劉少奇了。此事見於毛1970年12月18日與美國人斯諾的談話。[7] 次年8月中共八屆十一中全會，毛一張大字報把劉少奇拉下馬來，令劉在中共中央的排名從第二位降到第八位。在10月中央工作會議上，劉少奇和鄧小平就他們的錯誤作檢討。毛的態度較為緩和。他在會上兩次講話，既批評了劉、鄧，又留有餘地，說他們與彭真不同，他們犯錯誤是公開的，不是秘密的，認為「不能完全怪少奇同志和小平同志，」「對劉少奇不能一筆抹煞」。劉、鄧二人的檢查稿是經毛事先審閱和批准的，他在劉少奇的檢查稿上批道「基本上寫得好，很嚴肅，特別是後半部更好。」11月3日，毛在天安門城樓接見紅衛兵，故意走到劉少奇面前，詢問他工作與生活情況。當劉表示願意到群眾中去鍛煉時，毛說，年紀大了，不要去了。1967年1月13日，毛把劉接到人民大會堂，劉要求辭去所擔任的一切職務，告老歸田，毛未表同意，只是要劉「好好學習，保重身體」。[8] 在此後兩三次與別人的談話中，毛都提到，以後還是要選劉少奇為中央委員。

7　程敏編：《浩劫初起》，北京，團結出版社，1993年，第74頁。
8　劉平平等：《懷念我們的爸爸劉少奇》，載《歷史在這裡沉思》，第一冊，北京，華夏出版社，1986年。

對毛來說，搞掉劉少奇，無須費多大氣力。但是，他還是願意「寬大為懷」，打算用對待王明的辦法，來對待劉。王是毛的死敵、史達林的忠實追隨者。1945 年中共第七次代表大會上，毛仍然讓王當上了中央委員。但是毛身邊一夥人，尤其是江青和康生，熱衷於打倒劉少奇。打倒劉少奇，就可以打倒劉下面一大批人，就可以獲得更大權力。所以，就在毛對劉表現緩和姿態時，他的親信對劉是步步緊逼。12 月 18 日，張春橋在中南海約見清華大學紅衛兵頭頭蒯大富，示意他把劉少奇的問題洩露到社會上去。25 日，蒯大富帶領紅衛兵五千餘人，在天安門舉行大會，以批判劉少奇的資反路線為名，喊出「打倒劉少奇！」的口號。其他紅衛兵組織不甘落後，也跟著喊「打倒劉少奇」。中央文革的人對這個口號避不表態，但是表示支持蒯大富組織天安門遊行的「革命行動」。只有周恩來和陶鑄對紅衛兵表示，劉少奇仍然是政治局常委，不能喊「打倒」。但是，他們的話沒有中央文革那樣的權威。江青、康生等知道，光靠批判資反路線，打不倒劉少奇，需要有更大罪名才行。此時，康生提出，劉少奇三十年代主持中共中央北方局工作時期，曾經策動和批准被捕的共產黨員集體叛變出獄。而且，劉少奇本人也多次被捕，也是叛變出獄的。[9] 為打倒劉少奇，劉的妻子王光美已被作為美國特務，立案審查。現在，劉少奇本人的問題，提到了毛的面前。

1967 年初，奪權鬥爭遇到了困難。毛似乎認為，問題進一步暴露出來了，走資派勾結保守派對文化大革命進行抵制。他需要一個突破口，來打退走資派的反撲，來推動文化大革

9　《黨的文獻》編輯部：《中共黨史重大事件述實》，北京，人民出版社 1993 年，的 262,263 頁。

命，把劉少奇的問題升級，成為這個突破口。毛從兩個方面對劉發起進攻，一個是同意對他實行專案審查，審查他批准別人「自首」出獄和他本人「叛變」出獄的問題，一個是以劉為靶子，發動一場「革命大批判」，把他的一系列觀點作為修正主義的東西來批判。把互相對立的兩派群眾吸引到大批判中來，通過大批判，來促進「革命的大聯合」。於是，中央辦公廳成立了劉少奇夫婦二人的專案組，由江青負責，對劉、王二人的歷史問題進行審查。毛則批准發表戚本禹的長篇文章：《愛國主義還是賣國主義？》在一系列問題上對劉少奇進行批判，最後向劉提出八個問題：

> 「為什麼你要在抗日戰爭爆發前夕，大肆宣揚活命哲學、投降哲學、叛徒哲學、指使別人自首變節，要他們投降國民黨，叛變共產黨，公開發表「反共啟事」、宣誓「堅決反共」？
>
> 為什麼你要在抗日戰爭勝利以後，提出「和平民主新階段」的投降主義路線？為什麼你要在解放以後極力反對資本主義工商業的社會主義改造？反對農業合作化，大砍合作社？
>
> 為什麼你要在社會主義三大改造完成以後，竭力宣揚階級鬥爭熄滅論，積極主張階級合作，取消階級鬥爭？
>
> 為什麼你要在「三年困難」時期，與國內外牛鬼蛇神遙相呼應，惡毒攻擊三面紅旗，鼓吹「三自一包」、「三和一少」的修正主義路線？
>
> 為什麼你要在 1962 年重新出版過去那種不要革命，不要階級鬥爭，不要奪取政權，不要無產階級專政，反對馬克思列寧主義，反對毛澤東思想，宣揚腐朽的資產階級世界觀，宣揚反動的資產階級唯心主義哲學的、欺人之

談的大毒草《論共產黨員的休養》？

為什麼你要在社會主義教育運動中提出和推行「形左實右」的機會主義路線，破壞社會主義教育運動？

為什麼你要在無產階級文化大革命中，勾結另一個黨內最大的走資本主義道路的當權派，提出和推行資產階級反動路線？

答案只有一個：你根本不是什麼「老革命」！你是假革命，反革命，你就是睡在我們身邊的赫魯雪夫！」[10]

劉少奇作為中華人民共和國主席，是全國人民代表大會選舉的，作為共產黨中央政治局常務委員會委員，是中央全會選舉的。他並沒有被「人大」和中共中央罷官，但是，戚本禹的文章一出，人人都知道，劉少奇問題的性質就變了，由所謂「人民內部矛盾」變成「敵我矛盾」了，由犯錯誤的同志變成共產黨的敵人了，毛澤東決心毫不留情地把劉從政治上徹底地打倒了。

劉少奇居住在中南海的高牆之內。但高牆保護不了他。中南海內也有造反派。4月6日，造反派高喊口號，衝進劉的辦公室，就戚本禹文章的八個問題向他提出質問，並且向他宣佈，從此以後，他必須自己做飯，自己打掃清潔衛生，自己洗衣服。次日，劉用大字報就八個問題做出答覆，劉的大字報很快就被撕得粉碎。10日，在清華大學舉行有三十萬人參加的大會，批鬥他的妻子王光美，被揪去陪鬥的有彭真、薄一波、陸定一、蔣南翔等人。5月8日，中共中央發出通知，要求全體黨員和全國人民進一步深入開展對劉少奇的大批判。7月14

10　《人民日報》，1967 年 4 月 1 日。

日，毛澤東離開北京去南方巡視。得知毛不在中南海，兩千多個群眾組織從 18 日起在門前安營紮寨，用高音喇叭日夜呼叫，要求劉少奇、鄧小平到群眾中來接受批判。8 月 5 日，北京市革委會在天安門舉行百萬人大會，慶祝毛澤東的大字報《炮打司令部》發表一周年。中南海內同時分三個會場，分別批鬥劉少奇、鄧小平、陶鑄。群眾迫使他們低頭、彎腰。劉所能做的，是寫信給毛，說他決不接受強加於他的「反黨、反社會主義、反毛澤東思想」、「陰謀篡黨篡國」、「在中國復辟資本主義」等罪名。他提出辭職，以示抗議。他的信件沒有回音。9 月，王光美以「特務」罪被關進監獄，劉被單獨囚禁在中南海。

1968 年初，劉因肺炎、糖尿病、高血壓、植物神經功能紊亂等疾病而失去生活自理能力。10 月，毛澤東主持中共八屆十二中全會，以「叛徒」、「內奸」、「工賊」等罪名，將劉永遠開除出黨。劉聞訊大汗淋漓、呼吸急促、大口吐血。從此，他不再開口講話。

1969 年 10 月，北京實行戰備疏散。重病中的劉少奇於 17 日被用擔架抬上飛機，運到河南開封，關押在市內一個獨立小院內。他在此渡過了 27 天。11 月 12 日劉去世，享年 71 歲。

他的妻子王光美在監獄中渡過了 12 年，奇蹟般地活了下來。[11]

鄧小平的命運要比劉少奇好得多。在江西中央蘇區時期，毛澤東受到王明、博古等「國際派」的排擠時，鄧小平是支持他的。毛對他有好感，認為他有能力，會辦事，建國後把鄧提拔到中央領導核心，一度甚至有讓他接班之意。文革前毛批評

---

11 朱可先等：《最後的二十七天》，載《歷史在這裡沉思》，第一冊，第 49 頁。

過他把書記處搞成「獨立王國」，有事不向他報告，文革中又同劉少奇一起犯了錯誤，但毛始終把他同劉區別對待。八屆十二中全會把劉少奇開除出黨，但是保留了鄧的黨籍。他於1969年10月被送往江西南昌，監督勞動。於1973年奉召返回北京，重新上臺。

陶鑄是文革初期一顆突然昇起的新星。他是個能幹人材，富於進取精神，無論是1958年的「大躍進」，還是1959年反彭德懷的「右傾」，他都是毛的積極追隨者。他從中共中央中南局第一書記的崗位上，調到北京，出任中宣部長，在八屆十一中全會上被毛提拔到黨中央領導核心，任政治局常委，地位僅在毛、林、周之下，成為中共中央第四號人物。他以中央文革顧問名義和國務院副總理身份參與黨和國家領導工作，他對問題的態度觀點，與周恩來等人比較一致，而與中央文革的那一批新貴不同。他長期以來是一路諸侯，沒有在中央工作過，不知道「京官難當」的道理。他性格暴躁，缺乏周恩來那種八面玲瓏，善於應變的能力。他尤其不知道江青的難以應付。很多問題提到他的面前，他的意見都同中央文革的意見、尤其是與江青的意見相左。例如，他不同意工人組織跨行業的群眾組織，不同意在工礦企業全面鋪開，搞文化大革命，不同意群眾喊打倒劉少奇、鄧小平的口號，他主張保護老幹部等。他明知江青非同一般，在文化大革命中的分量更不容輕視，但他還是同她當面地發生了衝突。他還同紅衛兵、造反派發生衝突。林彪是他的老上級。他去向林彪請教。林彪指示他，應該「被動，被動，再被動」。他卻不知道怎樣「被動，被動，再被動」。1966年12月底，江青等人在政治局會議上猛烈抨擊他。毛澤東要他承認對文化大革命「很不理解」，並叫他趕緊

離開北京，到地方上去視察幾個月。他遲遲未能成行。1967年1月初，江青就武漢問題對他再次發起攻擊，指責他設置障礙，抵制批劉，抵制批武漢的王任重。毛也改變了主意，於1月8日說「陶鑄這個人不老實」。這樣就決定了陶鑄的命運。陶以「中國最大的保皇派」的罪名被打倒，離他上升到第四號人物的時間，不到半年。他被囚禁在中南海的住所內，直到1969年10月戰備疏散，那時他已身患癌症，被送往安徽合肥，一個月後便去世，終年61歲。[12]

「二月逆流」

　　共產黨的老幹部在批判資反路線和奪權鬥爭中，受衝擊，挨揪鬥，被打倒。一批中央領導幹部看不下去了，起來批評這種亂揪、亂鬥的做法，受到毛澤東的嚴厲批評，認為是一股反對文化大革命的逆流，事情又發生在二月，故名「二月逆流」。捲入這個事件中的幾位中央領導幹部，被稱為「二月逆流的黑幹將」。這個事件產生了嚴重後果，因為它被林彪、江青等人利用，他們乘此機會發動群眾，攻擊這幾個「老家夥」，企圖把他們打下去。奪權鬥爭方興未艾，反擊「二月逆流」的鬥爭又起，文化大革命的形勢是亂上加亂了。

　　文革以前，黨和國家日常事務，由中央書記處和國務院分別處理，大事由政治局及其常委決策。1967年初。中央書記處已經完全癱瘓，國務院也支離破碎，殘缺不全了。因此，毛澤東決定實行「一元化」領導，由中央政治局常委擴大會，或稱中央政治局常委碰頭會，來負責處理黨和國家日常事務，

12　權延赤：《陶鑄在文化大革命中》，北京，中共中央黨校出版社，
　　1991年。

並領導文化大革命。中央文革小組成員參加碰頭會。「二月逆流」就發生在這個碰頭會上。

1967 年 2 月 16 日，常委碰頭會在中南海懷仁堂舉行。會議由周恩來主持，參與者有陳伯達、康生、李富春、陳毅、譚震林、李先念、葉劍英、謝富治、余秋里、王力、張春橋、姚文元等人。會議本來是討論經濟問題。討論尚未開始，副總理譚震林問中央文革的張春橋，上海市委書記陳丕顯能否來北京。張說，上海群眾不准陳來。譚與張就此發生爭論。另外幾位政治局委員也參加進來，向在座的中央文革成員提出質問，他們的意見集中在三個問題上：第一，搞文化大革命，要不要黨的領導？第二，搞文化大革命，是不是要把老幹部統統打倒？第三，搞文化大革命，要不要保持軍隊的穩定？

幾位副總理、元帥情緒激憤，譚震林最激烈，他指責中央文革的成員說，「你們的目的就是要整掉老幹部，你們把老幹部一個一個打掉，四十年的老革命，落得家破人亡，妻離子散」，這是「黨的歷史上鬥爭最殘酷的一次。」他越說越氣，最後叫起來「照這樣，讓你們這些人幹吧，我不幹了，不跟了！砍腦袋，坐監牢，開除黨籍，也要鬥爭到底」。葉劍英談到軍隊的問題，談到老幹部是革命的寶貴財富，不能隨便打倒。陳毅從文化大革命談到延安整風，又從一些人擁護毛澤東談到赫魯雪夫擁護史達林，以及史達林的晚年等。李先念說，現在是全國範圍的逼供信，又批評《紅旗》雜誌十三期社論，號召批判資反路線，沒有通知政治局。周恩來質問康生，像號召批判資反路線這樣重大的問題，為什麼都沒有給政治局打招呼。李先念又談到公安部逮捕「聯動「成員問題，說「十七、八歲的娃娃，能是反革命嗎？「他們你一言，我一語，會議持續三個

小時，沒有討論經濟問題。周恩來只有一、兩次插話，中央文革的人沒有發言。[13]

散會後，張春橋、王力立刻將情況報告沒有到會的江青，江青報告毛澤東。毛於當晚就接見了張春橋、王力、姚文元，聽取彙報。18 日深夜至 19 日拂曉，毛召見周恩來、葉群（代表林彪）、康生、李富春、葉劍英、李先念、謝富治。毛大發雷霆，說：中央文革小組執行八屆十一中全會精神，錯誤是百分之一、二、三，百分之九十七是正確的。誰反對中央文革小組，我就堅決反對誰。要否定文化大革命？辦不到！大鬧懷仁堂，就是搞資本主義復辟，讓劉、鄧上臺。我同林彪同志、葉群同志南下，再上井崗山打遊擊。陳伯達、江青槍斃，康生充軍，中央文革改組，陳毅當組長，譚震林當副組長，余秋里當組員。再不夠，把王明、張國燾請回來。[14] 因為中央軍委一、二月分在京西賓館開會，討論軍隊文化大革命時，徐向前、聶榮臻、葉劍英等幾位元帥就強烈反對過普遍衝擊領導機關，揪鬥領導幹部的做法，於是這個事件就被稱為「兩個大鬧」，即「大鬧懷仁堂」，「大鬧京西賓館」，合稱「二月逆流」。

毛澤東決定，譚震林、陳毅、徐向前三人「請假」檢討，由周恩來主持召集政治局擴大會議來批評他們，受批評者還包括葉劍英、李先念、聶榮臻、李富春、余秋里等人。聯繫到「聯動」和其他一些保守組織抵制文化大革命的現象，毛澤東於 2月 28 日在一份文件上批道「從上至下各級都有這種反革命復辟的現象。」[15] 問題的性質變得嚴重了，幾位被稱為「黑幹將」

13　王年一：《關於二月逆流的一些資料》，載《黨史研究資料》，北京，
　　1990 年，第一期。
14　王年一：《大動亂的年代》，第 216 頁。
15　同（11）

的人物，抬不起頭來了。

在文化大革命中，周恩來處境困難而微妙。一方面，他對毛澤東忠心耿耿，唯命是從；另一方面，他的態度接近劉少奇等人，而非毛澤東。毛喜歡他「鞠躬盡瘁，死而後已」的精神，但不喜歡他八面玲瓏、面面俱到的為人。周明知文化大革命是一場災難，仍抱著「我不入地獄，誰入地獄」的決心，投入這場運動，因為，他知道，不如此，他就只能被毛拋棄。對他來說，生命的意義在於處在權力中心展現一己之能。他無法想像去過投閑置散乃至被關押批判的日子。在文化大革命中，他在緊跟毛澤東的前提下，又在力所能及的範圍內，東填西補，左抵右擋，力圖減少一些損失。國務院的副總理、部長、副部長們，不是被打倒就是受衝擊，能夠工作的沒有幾個人。政府工作全靠他組織一些臨時性的領導班子來抓，文化大革命的事，他也不能放棄，江青等人早就想把他排除在外。他的作風是「事必躬親」，文化大革命中他只能全力以赴，每天工作十六、七個小時，有時更長。他細心謹慎，「大鬧懷仁堂」時，他發言不多，但思想傾向是明顯的。而且他是會議的主持者，難辭其咎。毛澤東讓他主持會議，批評譚震林等人，是有意保他。他也承擔了責任，作了自我批評，責備自己在路線問題上「不敏銳，遲鈍」。從 2 月下旬到 3 月中旬，他召開了幾次對譚震林等人的批評會。

對「二月逆流」的批判使中央文革的新貴聲威大振，使「老傢夥」們垂頭喪氣。中央日常工作和文化大革命的事務不再由「政治局常委碰頭會」處理了，改由「中央文革碰頭會」處理。雖然會議仍由周恩來主持，但是原來的政治局委員不能參加「碰頭會」了，原來列席會議的中央文革小組成員，成了

正式成員了。權力實際上落到江青等人手裡。

4月底，毛的氣消了，覺得對「二月逆流」的幾個人，批判得也差不多了。他召集這些人開了一個「團結會」，口氣大為緩和，「這些老同志的意見」雖然是錯誤的，但「是在會議上說的」是允許的。他想了結這件事情，但是，他又錯了，事情了結不了了。

沸騰的夏季

毛澤東在1967年2月初曾說過，批判資反路線只是扭轉運動方向，奪權才是文化大革命的決戰階段，2、3、4月看眉目，到了明年3、4月，或者再晚一點，運動就可以結束了。[16] 所以，他從4月開始，發起了對劉少奇的大批判，希望通過「革命大批判」來促進大聯合。本來，「大批判」是促進不了「大聯合」的，加以中央文革把「二月逆流」的內情透露給了激進派紅衛兵，告訴他們，當時形勢的特點是「新文革與舊政府的矛盾」。於是，從3月中、下旬開始，激進派紅衛兵和造反派在全國掀起了反擊「二月逆流」的浪潮。在「打倒劉、鄧、陶」的總口號之下，各系統又以該系統的負責人為「打倒」對象，如農、林系統以譚震林為打倒對象，外交系統以陳毅為打倒對象，財貿系統以李先念為打倒對象等。各省市，在「支左」中支持了保守派、壓制了激進派的軍區主要領導人，成為激進派紅衛兵和造反派在反擊「二月逆流」鬥爭中，攻擊的對象。北京還有少數極端組織大搞政治投機，把鬥爭矛頭指向周恩來，攻擊他是「二月逆流」的黑後臺，要把他揪出來「示眾」。直到陳伯達、康生等人5月奉命出來說話制止，反周活動才有所

16　毛澤東同卡薄、巴盧庫1967年2月3日的談話。

收斂。

北京的夏天，驕陽似火。奪權鬥爭已經進行了七、八個月，建立革命委員會的進程卻十分艱難。毛澤東決定要到南方去看一看形勢。7月14日，他帶著代總參謀長楊成武、空軍政委余立金、海軍政委李作鵬，離京南下。

當時，在「打倒劉、鄧、陶」和批判「二月逆流」問題上，曾有個何者代表鬥爭的大方向問題。對於激進派紅衛兵和革命造反派來說，劉、鄧、陶已經是死老虎了，他們對於批判「二月逆流」的興趣更大。因為「二月逆流」涉及的人，正是各系統的負責人，同他們關係密切。各省市尤其如此，激進派受軍區壓制，他們要借批判「二月逆流」來反對軍區，劉、鄧、陶問題與他們關係不大。保守派借此指責激進派，說他們只批「二月逆流」，不批劉、鄧、陶，不符合鬥爭的大方向。為了表示自己沒有偏離鬥爭的大方向，一些激進派組織在獲悉毛澤東已離京南下之後，派出了所謂「揪劉大軍」，在中南海門前安營紮寨，表示堅決要把劉少奇揪到群眾中來，接受批鬥。上千個群眾組織圍困中南海，無數個高音喇叭，朝著中南海喊口號，廣播語錄歌。與此同時，各系統的群眾又在揪「二月逆流的黑幹將」，北京的局勢越來越亂。

正當此時，發生了震動全國的武漢「七二〇事件」。

這個事件的緣起是，武漢有兩大派對立的群眾組織，一個是以「毛澤東思想戰鬥隊武漢地區工人總部」（簡稱「工人總部」）為代表的造反派，另一個是稱為「百萬雄師」的保守派，前者有五、六十萬人，後者有百萬之眾。以司令員陳再道和政委鍾漢華為首的武漢軍區，在年初奉命「支左」時，支持了保守派，壓制了激進派。在批判「二月逆流」的鬥爭中，武

漢激進派認為，軍區二月鎮壓造反派，抓了造反派的負責人，是資本主義復辟逆流在武漢地區的表現，因此提出了打倒「武老譚」的口號（即打倒武漢地區的譚震林）。陳再道就是激進派心目中的「武老譚」。「百萬雄師」則堅決支持軍區，同造反派嚴重對立，雙方不斷發生武鬥，所謂「大聯合」、「三結合」，根本談不上。湖北是中南大省，地位重要，武漢問題亟待解決。

　　毛澤東在楊成武、余立金、李作鵬的陪伴下到達武漢。周恩來先毛一步到達。副總理謝富治和中央文革的王力去成都解決四川等省問題，此時也到了武漢。毛於 15、16 兩天接連召集周、謝、王、楊、余、李等人開會，聽取彙報，討論西南幾省和武漢地區的問題。關於武漢問題，毛決定：要給受壓制的「工人總部」平反，要釋放被逮捕的造反派頭頭，武漢軍區犯了錯誤，要檢討，對兩派群眾組織都要支持。[17]

　　18 日，周恩來召集武漢軍區領導幹部開會，傳達了上述決定。同日晚上，謝富治和王力去到武漢造反派的重要據點武漢水電學院造反總部，與激進派紅衛兵會見。王力發表講話，對武漢激進派紅衛兵和革命造反派表示熱烈支持，並向他們透露了關於武漢問題的上述決定。激進派紅衛兵和造反派士氣大振。

　　19 日，激進派紅衛兵和造反派發動空前規模的宣傳攻勢，用高音喇叭和宣傳車向全市人民廣播王力的講話和他的四點指示：武漢軍區犯了方向路線錯誤；要為「工人總部」平反；造反派是革命派；「百萬雄師」是保守派。

17　陳再道：《武漢事件親歷記》，載彭程等編著之《中國政局備忘錄》，第 9 頁。

激進派廣播的王力講話激怒了「百萬雄師」和武漢駐軍。20日清晨,保守派的積極支持者駐武漢獨立師和二十九師的戰士強行衝入東湖賓館謝富治、王力住地,王被打傷,並被獨立師士兵抓走。

20日到23日,「百萬雄師」和武漢駐軍出動上百萬人,走上街頭。武漢部隊用兩千輛卡車把群眾運到市中心,舉行聲勢浩大的示威遊行,反對王力,反對謝富治,反對中央文革。他們不承認軍區犯了錯誤,不承認「工人總部」是革命派,不承認「百萬雄師」是保守組織。毛澤東下令立刻找回王力,但直到22日二十九師才把他交出來。

毛在武漢,當地只有極少數人知道。反中央文革的示威發生後,北京高度緊張,林彪、江青、陳伯達、康生等人緊急會商,認為武漢發生了「兵變」。他們一面向武漢調動軍隊,一面請毛立刻離開武漢。毛接受他們的意見,於21日凌晨離開武漢,飛去上海。

林彪在北京主持會議,會議一致認為武漢「7·20事件」是一個重大的反革命事件,決定採取以下措施:

1. 為表示對武漢事件的強烈譴責,全體中央領導人到機場歡迎和慰問從武漢回京的王力和謝富治。

2. 在北京的天安門舉行一百萬人參加的群眾大會,聲討反動組織「百萬雄師」。

3. 大會發表致武漢全體市民的一封公開信,闡明中央譴責「7·20事件」製造者的態度。

4. 指示全國各地舉行有武裝部隊參加的群眾大會,軍民一齊譴責事件製造者,並表示支持和擁護中央。

5. 調武漢軍區司令員陳再道、政委鍾漢華、獨立師和
二十九師師長、政委到北京聽候審查。

「百萬雄師」經不住這樣強大的政治壓力和宣傳攻勢，
當以周恩來為首的全體中央領導人，到機場歡迎被打傷的王力
返回首都的消息，通過電臺、報紙傳向全國時，「百萬雄師」
立刻成為過街老鼠，頃刻之間就土崩瓦解了。武漢紅衛兵和造
反派乘機採取行動，來摧毀「百萬雄師」的各級組織，搜捕他
們的大小頭目和積極份子。僅武漢一地，就有 66,000 人被打
傷，600 人被打死。全省傷亡人數達 184,000 人。[18]

武漢事件的影響是武鬥升級，各地激進派紅衛兵和造反
派都利用「百萬雄師」垮臺的機會，向自己的對立面發動進攻，
保守派實行抵抗。例如，上海的「工總司」利用武漢事件後的
有利時機，向「上柴聯司」（上海柴油機廠革命造反聯合司令
部）發起進攻，打傷和抓走 600 餘人，徹底摧毀了這個組織。
寧夏的紅衛兵、造反派同軍隊發生衝突，死 101 人，傷 133 人。
長沙的激進派同保守派武鬥，把後者從市區趕到郊外。廣州激
進的「旗派」（三面紅旗）和保守的「總派」（三大總部）也
從 7 月底、8 月初起拿起武器，進行戰鬥。在成都地區，以「成
都工人革命造反兵團」和四川大學「八二六戰鬥團」為代表的
激進派同保守的成都「產業軍」之間，武鬥加劇，雙方使用了
重機槍，高射炮等重武器。重慶的武鬥也很激烈。在激進派壓
力下，江西、四川、湖北、湖南、河南保守派成立五省聯絡站，
力圖自保。

武漢事件發生，毛轉移到上海。8 月，毛留在上海。北京
發生了幾件事。第一，8 月 1 日出版的《紅旗》雜誌，發表題

18　同上，第 27 頁。

為「無產階級必須牢牢掌握槍桿子」的社論，慶祝解放軍建軍四十周年。社論中提出了要揭露和打倒「軍內一小撮走資本主義道路當權派」的口號。聯繫到武漢部隊支持了「百萬雄師」，其他許多地方的軍隊支持了當地保守派的事實，這篇社論提出的新口號意味著，現在鬥爭的矛頭應當指向軍隊，要揪出「軍內一小撮」。第二，8月7日，從武漢凱旋歸來，成為英雄人物的王力，突然召見外交部革命造反派，對周恩來規定的中央機關只奪文化大革命的領導權和業務工作的監督權，提出不同意見。他鼓勵該部造反派實行全面奪權。於是，外交部造反派於8月14日接管了被保守派控制的政治部。在他們尚未就全面奪權做出決定時，北京外語學院的一夥紅衛兵，18日闖入外交部院內，揪走了負責外交工作的副部長姬鵬飛和喬冠華，宣佈奪了外交部的權。有四天時間，造反派監督小組代行部黨委職權，簽發了一些文件，這就是後來所謂的「極左派篡奪外交大權」的事件。[19] 第三，8月20日，外交部送出一份經周恩來批准的照會，限令香港英國當局於48小時內釋放在香港動亂中，被關押的中國記者。北京外語學院紅衛兵和工廠造反派策劃，於22日在英國駐華代辦處門前示威，並決定當48小時時限到達時，就衝進去教訓英國人。他們不聽北京衛戍區和外交部人員的勸阻，衝破由解放軍戰士組成的人牆，強行進入英國代辦處，搗毀並且放火燒了代辦處辦公樓。

　　這就是毛澤東看到的局勢：兩派群眾的武鬥，打得難解難分；暴力行動在不斷升級，危及外國駐華機構的安全；文化大革命成為一場混戰；中央機關正在發生所謂「全面奪權」；作為安全支柱的人民解放軍面臨著「揪軍內一小撮」的嚴重威

19　本書作者1991年在北京訪問外交部原造反派負責人記錄。

脅。是讓它再亂下去，還是改弦更張？善於掌握時機的周恩來，把有關當時形勢的材料集中起來，交給從上海臨時回到北京的楊成武，請他轉呈毛澤東，請毛決策。毛經過認真考慮，決定採取果斷措施，來扭轉局勢的發展方向。從9月開始，局勢開始發生變化。

黑司令—刘少奇

第五章 軍隊與文革

　　顧名思義，文化大革命是文化領域內的一場革命，與武裝部隊應當沒有什麼關係。但是，實際上軍隊卻深深地捲入了文化大革命。毛澤東全靠軍隊來維持局面，沒有軍隊，文化大革命造成的混亂局面根本無法維持。但是，軍隊在這樣做的同時，又貫徹了一系列錯誤的政策，起了惡劣的作用。與此同時，軍隊本身還有個文化大革命的問題。所以，軍隊的問題要從兩個方面來談：一個方面是，軍隊本身是如何開展文化大革命的；另一個方面是，軍隊與軍外的文化大革命的關係。

軍內的文化大革命

　　為了維持軍隊的穩定，中共中央和毛澤東決定，軍隊

不普遍開展文化大革命。中國人民解放軍總政治部1966年5月25日發出通知，文化大革命只在屬於軍隊的學術、教育、新聞、文學、藝術和出版單位進行，軍以上的軍事領導機關，軍以下的陸、海、空軍部隊不開展文化大革命。軍內成立「全軍文革小組」，來領導軍內文化大革命，由總政副主任劉志堅任組長，他又是中央文革副組長。「全軍文革小組」由中央軍委常委和中央文革實行雙重領導。林彪是全軍副統帥，主持軍委常委工作。林彪是中共領導層中的激進派，但是「全軍文革小組」聲望並不高，因為裡面沒有聞名全國的激進份子。

同地方上的情形一樣，軍事部門內也是學生先起來造反。運動初期，軍事領導機關向軍事學校派了工作組，壓制了學生的造反行動。8月7日，總政根據中央決定，撤銷了工作組，但規定學校運動仍由學校黨委領導。

8月18日，毛澤東接見紅衛兵後，紅衛兵運動合法化，軍事院校學生也組織紅衛兵，也分裂為兩派。以毛澤東的侄兒毛遠新為首的哈爾濱軍事工程學院的「紅色造反團」就是全國聞名的激進派紅衛兵組織。激進派紅衛兵要求同地方上一樣，批判軍事領導機關執行的資產階級反動路線，批判工作組。10月初，正值中央號召全國起來批判資反路線之際，上海軍醫大學紅衛兵拿著血衣向林彪告狀。林彪緊跟毛澤東，支持學生造反。他指示「全軍文革」，說要打爛限制軍事院校文化大革命運動的一切條條框框，要為所有被打成反革命的學生平反，要銷毀所有的整他們的「黑材料」，要允許他們到全國各地去串聯，要積極支持他們造反。「全軍文革」據此於10月5日發出《緊急通知》，宣佈了林彪所說的各條。群眾把這個《通知》的精神，概括為「踢開黨委鬧革命」。這是共產黨搞政治運動

以來，第一次提出不要黨委領導。中央宣佈，這個通知也適用於非軍事部門，於是軍內軍外的造反運動猛烈開展起來。

學生一起來，就對軍事領導機關發動了衝擊。例如：哈軍工的學生來到北京，衝進國防科委，要把科委副主任路陽揪到哈爾濱去批鬥，因為他在帶領工作組在哈軍工領導運動期間，執行了資反路線。張家口軍事院校學生到北京，衝擊國防部，要求揪鬥副總參謀長李天佑，因為他在張家口執行了資反路線，鎮壓了群眾。凡是向地方軍事院校派了工作組的軍區領導機關，都不得脫身，都為同樣的原因受到衝擊。

學生衝擊軍事領導機關，置林彪於尷尬境地。作為最高軍事首腦，他不能眼看軍事機關受衝擊，而無動於衷；作為文化大革命的副統帥，他又必須緊跟毛澤東，不能給群眾潑冷水。於是，當各地軍事機關緊急向他請示或求救時，他儘量地避不表態。例如學生衝進國防部抓李天佑，反復勸說無效，劉志堅緊急請示，可否將帶頭的學生抓起來。林彪既不同意抓人，又沒有解圍的辦法，只是不關痛癢地指示劉志堅，「要多做思想工作」。「全軍文革」按照林的指示，再次派人與學生談判，又被學生哄走。最後，中央文革獲知國防部被圍困，派張春橋來，才把學生勸走。[1]

除了軍事院校，造反的還有屬於軍隊的文藝、新聞、體育、出版等事業單位的群眾。1966 年底，來到北京的各地上述部門的人員達到二十多萬人。總政主任蕭華想給狂熱的空氣降降溫，於 11 月兩次組織軍事院校來京人員大會，邀請陳毅、葉劍英、賀龍、徐向前四位元帥講話，企圖勸說學生，不要過於偏激。四位元帥的演說不但沒有說服學生，反而激起學

1　張雲生：《毛家灣紀實》，北京，春秋出版社，1988 年，第 58 頁。

生的反感。赴京學生宣佈要召開批判資反路線的群眾大會,指名陳毅和葉劍英到會「接受教育」。周恩來深恐出事,連忙接見軍事院校來京代表,說服了他們,不舉行這樣的大會。正當軍事領導機關受到軍內學生和軍內造反派的困擾時,軍隊上層的鬥爭也日趨激烈。江青說,軍內存在兩條路線的鬥爭,而且十分尖銳。根據她的建議,毛於 1967 年初同意改組「全軍文革」,劉志堅被撤,徐向前出任組長,蕭華、楊成武等為副組長,江青任顧問。改組後的「全軍文革」共十八人,除了江青、葉群、關鋒三人是當時赫赫有名的風雲人物外,其他都是軍隊的舊人,沒有有分量的新人物,所以威信仍然不高。中央對軍隊發出一些混亂的信號。例如,1 月 14 日,中共中央發出〈關於不得把鬥爭鋒芒指向軍隊的通知〉,強調軍隊的重要地位。同日《解放軍報》發表社論,批評說,軍內存在對文化大革命的阻力,「這種阻力主要是來自混進軍內的一小撮走資本主義道路的當權派,來自極少數堅持資產階級反動路線的頑固份子。」所以,軍內激進派紅衛兵和造反派不把「全軍文革」放在眼裡。他們包圍徐向前元帥的住所,逼他出來回答問題。他們還在「中央文革」的鼓動支持下,抄蕭華的家,揪鬥北京軍區司令員楊勇,把海軍司令員蕭勁光從上海揪到天津去批鬥。1 月中旬,軍委碰頭會在京西賓館舉行,討論文化大革命問題。江青、陳伯達等「中央文革」的人指出,軍隊不是世外桃源,不要搞特殊化,要積極投入文化大革命。軍方的出席者則表示,軍隊負有戰備任務,必須保持穩定,不能隨意衝擊軍事領導機關。江青等人集中力量攻擊總政主任蕭華。1 月 19 日晚,蕭華的家被紅衛兵所抄。次日,葉劍英在會上拍桌子抗議,造成右手指骨折。這就是後來說的「大鬧京西賓館」。林彪到會講話,指出軍事領導機關的文化大革命,「要徹底地搞,主要

一條是革命,把革命擺在第一位,戰備和其它工作要照顧一下」。[2]1 月 22 日,毛澤東接見參加會議人員。徐向前乘機向毛報告說:紅衛兵、造反派要揪誰就揪誰,楊勇(北京軍區司令員)被抓去了,還要抓鄭維山(北京軍區副司令員)。他們還要來抓許世友(南京軍區司令員)。毛一方面表示同情,說不能到處抓人,不能給人帶高帽,不能搞逼供信,但又要求軍隊幹部不要吃老本,要在文化大革命中立新功,要支持左派。2 月 11 日,中央軍委發佈《關於軍以上領導機關文化大革命的幾項規定》,決定軍以上機關(各總部、軍種、兵種、各大軍區、省軍區、軍區空軍、海軍艦隊)都要分期分批地進行文化大革命。原來的禁令取消了。[3]

1967 年,軍內兩派群眾的鬥爭就越演越烈。同地方上的情形略有不同,軍內激進派紅衛兵和造反派佔多數,而保守派是少數。他們都稱自己為「三軍無產階級革命派」,為區別起見,一個稱「新三軍」,一個稱「老三軍」。兩派在幹部問題上嚴重對立,你擁護的領導幹部,我堅決打倒;你打倒的,我堅決擁護。兩派都堅持,只有自己才最忠於毛澤東思想。1967年 5 月 13 日晚上,空軍政治部文工團、海軍政治部文工團、北京軍區戰友文工團的「老三軍」,聯合舉行了一次試驗性的歌舞演出,用以慶祝毛澤東《在延安文藝座談會上的講話》發表 25 周年。「新三軍」晚了一步,來不及組織演出,又不甘心讓「老三軍」搶了先,就在演出進行時衝擊會場,破壞演出,雙方發生衝突,彼此都有人受傷。這就是「5‧13 事件」。「新三軍」發起衝擊,因而又被稱為「衝派」。

2　李可、郝生章:《文化大革命中的人民解放軍》,北京,中共黨史資料
　　出版社,1989 年,第 38 頁。
3　同上,第 40-43 頁。

　　「衝派」是激進派,得到中央文革的支持,但是,毛澤東和林彪卻不支持,因為,第一,「5‧13」的演出,是空政文工團的幾個女歌舞演員帶頭發起的,她們是毛澤東的女友,毛支持她們,而她們這一派是保守派。毛支持的,林彪當然也支持。第二,林彪也不喜歡「衝派」,因為他的幾個親信,如空軍司令員吳法憲、海軍政委李作鵬、總後勤部主任邱會作,都是衝派要求打倒的對象,林彪不得不從衝派手裡把他們解救出來。「衝派」在軍內要打倒的多是林彪的人,所以林彪決定找機會搞垮「衝派」。機會來了。7月1日,新、老三軍都舉行演出晚會,慶祝中共建黨46周年。兩派都希望林彪去看自己一派的演出。結果,林彪率領一大批人出席了「老三軍」的晚會,而不理睬「新三軍」。既然毛、林都不支持「新三軍」,中央文革也不好再繼續支持。失去了無產階級司令部的支持,稱為「衝派」的「新三軍」便瓦解了。[4]「衝派」垮臺後,軍事領導機關不再受到來自軍內的衝擊。

權力之爭

　　中共領導下的軍隊是分「山頭」的,如分紅軍時期的一、二、四方面軍,解放戰爭時期的第一、二、三、四野戰軍,建國以後的各大軍區等。毛澤東是中央軍委主席,全軍最高統帥,他下面是1955年授銜的十大元帥,再下是十名大將,若干名上將、中將、少將。全軍只效忠於毛澤東一人。

　　林彪素得毛的寵愛,在十大元帥中年齡最輕而名列第三,在他前面是朱德、彭德懷,在他後面有劉伯承、羅榮桓、賀

4　《毛家灣紀實》,第123頁。

龍、徐向前、陳毅、葉劍英、聶榮臻。文革開始時，朱德老邁，年逾八十，早已沒有實權，林彪看不起他，公開說他沒有本事；劉伯承雙目失明，五十年代就被指控為推行資產階級軍事路線，實際上已經退出政治舞臺；羅榮桓已去世；陳毅在軍內只有空名，實際上主管外交。剩下的與林彪地位相當的只有賀龍、徐向前、葉劍英、聶榮臻四人。林彪驟然升到全軍副統帥地位，他感到，對他的權力形成威脅的，首先是賀龍和羅瑞卿，必須剪除。徐、葉、聶、陳等人，也要壓下去。羅瑞卿負責軍委工作，敢作敢為，大刀闊斧，拋頭露面，同林彪的深居簡出，深藏不露形成鮮明對照。毛澤東曾指定，林彪身體不好時，軍委工作由賀龍多負責。賀龍與林彪之間，早有齟齬。林主持軍委工作以來，對賀、羅關係的懷疑與日俱增。他整倒羅瑞卿後，就來對付賀龍。

　　林彪曾把空軍樹立為全軍突出政治的標兵，號召全軍向空軍學習。1966 年 8 月空軍開會，一些人認為，吳法憲等人在空軍內弄虛作假，報喜不報憂，這個標兵徒有其名。他們向賀龍反映，賀認為他們說得有理，表示支持他們。林彪大為不滿，對吳法憲說「賀龍到處插手，總參、海軍、空軍、政治學院都插了手。」又說，「空軍是一塊肥肉，誰都想吃。」他說，賀龍「要奪你的權，你要提高警惕」。林又對李作鵬說「賀龍實際上是羅瑞卿的後臺。他採取種種卑鄙手段，拉了一批人來反對我」。[5] 同時，林彪的妻子葉群佈置中央軍委一位處長宋治國寫信，揭發賀龍與羅瑞卿有密切關係。材料均上報毛澤東。康生、江青此時也配合林彪，製造了一個所謂「二月兵變」的謠言，說賀龍要與彭、羅、陸、楊一夥人，發動兵變。於是，

5　《文化大革命中的人民解放軍》，第 77 頁。

早在文化大革命初期，社會上就喊起了「打倒大軍閥賀龍」的口號。

　　毛澤東當時說，賀龍「忠於黨，忠於人民」，表示瞭解他，要保他。但是，漸漸又改變了主意。1966年底，打倒賀龍在社會上形成高潮。周恩來先把賀龍和妻子薛明保護在自己家裡，1967年1月19日又把他們送到北京西郊隱藏起來。1967年夏，賀夫婦二人終於落入林彪之手，周恩來無可奈何。賀被正式立案審查，生活待遇急劇下降，弄到食不果腹，病無醫藥的地步。由於糖尿病惡化和嚴重的營養不良，於1969年6月9日病逝。[6]

　　毛澤東對「二月逆流」的嚴厲譴責，使徐、葉、聶、陳幾位元帥陷入困境，他們都失去了對軍隊的領導權，形勢對林彪極為有利。隨著軍以上機關文化大革命運動的展開，林彪可以放手開展權力之爭了。

　　在海軍，林彪依靠親信副司令員李作鵬、王宏坤、海軍政治部主任張秀川，打擊司令員蕭勁光、政委蘇振華，奪了二人的權。李作鵬升任海軍第一政委、王宏坤為第二政委，張秀川為海軍副司令員，從而控制了海軍。李作鵬是林彪集團一員大將，他整人兇狠，經他親口點名而受迫害的海軍各級領導幹部，達到107人，其中三人被整死，如張學良之弟、海軍參謀長張學思。早在文革之前，張就比較親近周恩來、葉劍英等人而與林彪格格不入。葉群、李作鵬等人羅織罪名，指控張早在東北時期就夥同彭真，反對林彪，在海軍內「忠實執行了蘇振華為代表的資產階級軍事路線」，並「有（國民黨）特務嫌疑」，於1967年9月11日將張學思逮捕，對張實行殘酷迫害。

6　薛明：《向黨和人民的報告》，載《歷史在這裡沉思》，第一冊，第130頁。

張於 1970 年 5 月 29 日死在獄中，年僅 54 歲。[7]

　　林彪重視對空軍的控制，把自己的兒子女兒都安排在空軍。他的兒子林立果，在空軍內部建立自己的秘密組織。林彪在空軍的主要代理人是司令員吳法憲，在文化大革命的鬥爭中，他把空軍各級領導幹部 64 人定為「敵我矛盾」，其中包括副司令員成鈞、劉震、張廷發，副參謀長何廷一等。許多人均被投入監獄，被吳批准送進監獄的南京軍區空軍參謀長顧前和空軍學院副教育長劉善本，在獄中受到非人的待遇，於 1969 年底被迫害致死。[8]

　　總參謀長羅瑞卿被清除後，楊成武出任代總參謀長。但楊不久就因不得林彪和江青的歡心而被清洗。林的親信黃永勝出任總參謀長。1968 年 4 月，黃在總參黨委擴大會議上講話，說「總參出了不少壞人，有黃克誠、羅瑞卿、張愛萍、王尚榮、現在又出了個楊成武……」於是，他在總參搞大清洗，有 839 人遭到迫害，其中軍以上幹部 52 人。被迫害致死的達 51 人。[9]

　　總後部長邱會作是林彪的又一親信。他根據林彪指示，在總後大抓「彭（德懷）、黃（克誠）、洪（學智）的殘餘勢力」，把總後一大批領導幹部如饒正錫、李耀、湯平、申茂興、楊怡等打成反黨反革命份子。邱會作 1968 年 3 月 18 日在總後專案會議上講話，指示專案人員「心要狠，對敵人要殘酷，鬥爭手段是專政手段；對敵人要連續審訊，幾天幾夜地幹；必要時手銬腳鐐都戴上……要死的，不鬥他也死，不死的，鬥他也不死。」總後各級幹部 462 人受迫害，湯平等八人被迫害致

7　《文化大革命中的人民解放軍》，第 93 頁。
8　蕭思科：《超級審判》，濟南，濟南出版社，1992 年，第 549 頁。
9　同上，第 538-539 頁。

死。[10]

總政是全軍的最高政治首腦機關,鬥爭更加激烈。總政主任蕭華原是林彪的老部下。但是,蕭華不是激進派,在領導軍內文化大革命運動時,總是怕亂求穩,態度與林彪相左。總政成為開展運動的障礙,早在 1967 年初林彪、江青就要打倒蕭華,因毛澤東沒有同意未果。7 月 25 日,在毛的首肯之下,林彪指示他的親信「徹底砸爛總政閻王殿。」於是,主任蕭華,副主任劉志堅、徐立清、梁必業、傅鐘、袁子欽等被打倒,40多名副部長以上幹部被批鬥,其中 20 多人被立案審查,長期關押,加上其他各級幹部,被非法關押,遭到殘酷鬥爭,無情打擊者共 482 人,副主任袁子欽等 17 人被迫害致死。[11] 由於總政領導機構完全癱瘓,1968 年 10 月林彪決定對總政實行軍管,演出了軍事領導機關被軍管的鬧劇。總政下屬各單位也紛紛造反奪權,出現一些荒誕的事情,例如,在陳伯達主持下,執筆起草〈橫掃一切牛鬼蛇神〉這篇重要社論的《解放軍報》副主編唐平鑄、胡癡,自己也變成了牛鬼蛇神,被《解放軍報》造反派從《人民日報》揪回去批鬥。林彪派親信王宏坤,出任總政軍管小組組長。於是,三大總部完全由林彪所控制。

「三支兩軍」

所謂「三支兩軍」,是指軍隊在支援左派、支援農業、支援工業、實行軍事管制、軍事訓練的名義下,廣泛地進入一切非軍事部門、非軍事領域,直至把全國置於軍事管制之下,使全國變成了一個大兵營。

10　同上,第 558 頁。

11　同上,第 540 頁。

起初，中央的方針是軍隊不介入地方上的文化大革命。1966 年 8 月 21 日，中共中央通知，禁止任何地方和任何人調動部隊來鎮壓學生。10 月 5 日，中央軍委又緊急通知，軍事院校學生不得介入地方上的文化大革命。1967 年 1 月 14 日，中共中央又規定，任何人和任何組織均不得衝擊人民解放軍的機關。鑒於地方黨委普遍受到群眾衝擊，中央又規定地方黨委可以把重要的文件檔案、無線電設備和機要人員轉移到地方軍事機關，保存或保護起來。省、市領導幹部被群眾揪鬥得太狠、身體又不好的，也可以送到軍隊中保護起來。這些規定目的都是要把軍隊與地方分開。

　　然而，文件檔案和地方領導幹部向軍隊轉移，引來了紅衛兵和造反派，他們猛烈衝擊軍區機關，要求軍隊交出地方領導幹部和他們整理的迫害群眾的「黑材料」。1966 年底到 1967 年初，軍內軍外群眾組織對軍事機關的衝擊，達到高潮，例如，南京軍區向軍委緊急報告，紅衛兵到軍區機關造反，抄了軍區八個領導幹部的家，抓走兩名部長和一位副政委，性情暴躁的軍區司令員許世友宣佈，如果有人敢揪他，他就開槍。瀋陽軍區報告，紅衛兵和造反派衝了軍區，把副司令員唐子安揪去批鬥、遊街示眾。福州軍區報告，南下的首都三司紅衛兵煽風點火，大鬧福州，司令員韓先楚稱，如果這樣搞下去，他要上山打遊擊去了。1 月下旬，新疆石河子發生嚴重流血事件。當地紅衛兵和造反派衝擊部隊，搶劫槍支，奪汽車二團的權，雙方開槍，部隊打死群眾三十餘人，打傷一百多人。軍委秘書長葉劍英 1 月中旬在軍委會議上稱，全國軍分區以上單位 80%遭到衝擊，主要負責人 70% 被揪鬥，軍隊約 1,400 人被打傷，

258 人被打死，許多地方武器庫的槍支被搶。[12]

　　1 月 21 日，周恩來向軍委會議傳達了毛澤東對安徽來電的批示。安徽造反派將召開大會，批鬥省委主要負責人李葆華，為防止保守派衝擊會場，要求軍隊支援，保護會場。毛指示「應派軍隊支持左派廣大群眾」，又說「以後凡有真正革命派要求軍隊支持、援助，都應這樣做。所謂不介入是假的，早已介入了。此事似應重新發佈命令，以前命令作廢。」22 日，毛接見參加軍委會議人員，要求領導幹部「真正站在革命派方面，像唱戲一樣，要亮相」。[13] 從此，主動站出來表示支持某派群眾組織的幹部，就稱為「亮相幹部」。根據毛的上述指示，中共中央、國務院、中央軍委、中央文革 1 月 23 日發佈〈關於人民解放軍堅決支持革命左派群眾的決定〉：積極支持革命左派的奪權鬥爭，凡真正的無產階級左派要求軍隊去支持他們，都應當派部隊支持；堅決鎮壓反對左派的反革命份子、反革命組織，如果他們動武，軍隊就還擊。這就是「支左」。

　　2 月 20 日，中共中央發出〈給全國農村人民公社貧下中農和各級幹部的信〉，要求他們搞好春耕生產，並建議各地部隊支援春耕。23 日，中央軍委發出相應的命令。對領導班子癱瘓了的地方，軍隊則幫忙整頓，以不誤生產。這是「支農」。

　　鑒於工礦企業一片混亂，中共中央 3 月 18 日發出〈給全國廠礦企業革命職工、革命幹部的信〉，宣佈「人民解放軍大力協助地方，支援工業生產工作」的決定，接著就向重要的工礦企業派出大批人員，以維持生產。這就是「支工」。

　　1966 年 12 月，中共中央、國務院就決定對全國大、中學

12　曹華、余敏編：《大抗爭》，北京，團結出版社，1993 年，第 120 頁。
13　《文化大革命中的人民解放軍》，第 227 頁。

校師生進行短期軍訓。1967 年 3 月 7 日，毛澤東又決定，軍隊分期分批對大中學和小學高年級學生實行軍訓，並參與學校的各項工作。這就是「軍訓」。

由於造反、奪權造成的混亂，中央決定對全國政治、經濟要害部門實行軍事管制。到 1967 年 2 月中旬，全國實行軍管的單位已達 6,900 多個。其中倉庫 3,100 多個，銀行 1,400 多個，此外還有各地的公安、郵電、電臺、報社、監獄等。由於奪權鬥爭進行得很不順利，臨時性的權力機構建立不起來，許多省市不得不派軍隊接管，實行軍管的地區當時已有 10 個，即陝西、新疆、青海、西藏、雲南、廣東、廣西、福建、浙江、江蘇。以後又擴大到內蒙、河北、甘肅、寧夏、四川、江西、湖北等省。這就是「軍管」。[14]

困惑與輝煌

1967 年的大半年，軍隊的日子很不好過，它負擔著一些吃力不討好的工作。1 月下旬，中央軍委發表了兩個自相矛盾的命令，一個是按照毛澤東的指示於 23 日發出的，派部隊「支左」的命令，另一個也是經毛於 28 日批發的軍委八條命令。這兩個命令使軍隊更深地介入了文化大革命，並置它於困難境地。

「支左」令要求部隊積極支持駐地左派群眾的奪權鬥爭，堅決鎮壓反對革命左派的反革命份子、反革命組織。但是，每個地方的群眾組織成百上千，他們無不自稱是革命左派，究竟誰是真正的革命左派？「支左」部隊無法認定，紛紛請示上級，

14　同上，第 237 頁。

得到的答覆是：你們自己去觀察。他們只得自己觀察。觀察的結果，軍隊感到同橫衝直撞，桀驁不馴的造反派格格不入，而喜歡比較講理、比較守規矩，對軍隊態度也比較好的一派。這是保守派。軍隊認為，這才是革命派。於是，大多數地方的部隊都支持了保守派。支左變成了支「保」。

軍委《八條命令》起源於軍內外紅衛兵對軍區機關的衝擊。1月中、下旬，這種衝擊達到十分嚴重的程度。林彪的辦公室，幾乎天天響起向他緊急請示的電話，他照例是不予答覆。「全軍文革」組長徐向前覺得，對於群眾衝擊軍事領導機關，不能沒有個對策。24日晚，他緊急會見林彪，要求他採取措施，使部隊免遭衝擊。林彪只得與徐向前、葉劍英、聶榮臻、楊成武一道，擬定了八條命令，經中央文革修訂，毛澤東批准後發出。命令規定任何人都不得衝擊軍事機關；過去，如果是反革命組織衝擊的，要鎮壓；如果是左派群眾衝擊的，就算了；以後一律不許衝擊，也不准到軍隊來串聯；軍隊保存的有關文化大革命的材料，一律封存，留待運動後期處理。接著，毛澤東也就衝擊軍事機關問題作了一個所謂「退避三舍」的指示說，如果右派組織不聽勸告衝進來了，軍隊可退到一樓；再衝，可退到二樓；如果衝到三樓，軍隊就可以開槍自衛了。

有了《八條命令》，部隊就有辦法了。凡是衝擊軍區機關，不聽勸解，軍區認為是反動組織的，就實行鎮壓，於是就發生了鎮壓激進派群眾的所謂「二月鎮反」。例如，以四川大學「八二六戰鬥團」和「成都工人革命造反兵團」為主的激進派，因為衝擊軍區而被宣佈為反動組織，群眾不服，衝進軍區機關，軍隊先退避而後攻擊，打垮了學生和工人的進攻，逮捕多達數萬人，打傷無數人。四川保守派聲勢大震。

青海省西寧市發生了更加嚴重的「趙永夫事件」。西寧的激進派紅衛兵組織「八一八紅衛戰鬥隊」在北京來的紅衛兵支持下，武裝佔領了《青海日報》，扣押了報社負責人。「支左」部隊宣佈它為反動組織，予以取締，並於2月23日派兵包圍報社，令紅衛兵退出。雙方發生衝突，軍區副司令員趙永夫命令部隊開槍，打死群眾169人，打傷178人。[15]

　　武漢市的激進派群眾組織2月初佔領了《長江日報》，衝擊軍區機關，軍區宣佈「武漢鋼工總」、「鋼二司」、「鋼工九一三」等革命造反派組織為反動組織，並逮捕了他們的頭頭朱鴻霞等人。

　　內蒙軍區不同意把該地區黨委主要負責人烏蘭夫、王逸倫、王鐸等人打倒，同激進派發生衝突，紅衛兵和造反派衝擊和包圍軍區，軍區宣佈呼和浩特市激進派組織「三司」為反動組織，逮捕了一些人。

　　廣東、廣西、安徽、河南、湖南、福建等地的激進派都遭到取締和鎮壓，這就是所謂的「二月鎮反」。

　　當毛澤東對「二月逆流」的批評在各地傳開以後，各地受鎮壓的群眾組織認為「二月鎮反」就是「二月逆流」的一個組成部分，他們紛紛向北京告狀，向中央文革告狀，引起了毛澤東和中央文革的重視。他們認為，軍隊的錯誤和北京那幾個「老家夥」的錯誤並非偶然，都是對文化大革命有抵觸。軍隊支「保」不支左的問題必須解決。3月，根據中央文革張春橋等五人向中央的建議，中央重新審查了西寧「2·23事件」，做出了有利於激進派的裁決，中央認為受打擊的激進派是革命

15　《毛家灣紀實》，第87頁。

派,青海軍區鎮壓革命派是錯誤的。24日,中共中央、國務院、中央軍委、中央文革作出決定,為西寧「八一八」紅衛兵平反,逮捕軍區副司令員趙永夫和有關人員。趙險些被槍決。

以重新審查西寧「2‧23事件」為開端,中央方針為之一轉。4月1日,中央作出關於安徽「支左」問題的決定,要求各地軍隊堅決支持左派群眾組織,不許隨便宣佈群眾組織為反革命組織,不許隨便捕人,凡是因為衝擊軍區或批評軍區而被打成「反革命」的,要一律平反,凡是犯了錯誤、甚至嚴重錯誤的群眾組織或個人,要採取批評和自我批評的方法來解決問題。4月6日,中央軍委又發佈了由林彪起草、經毛澤東仔細修改的中央軍委十條命令,規定:對群眾組織不准開槍;不准隨意捕人,更不准大批捕人;不准隨意把群眾組織宣佈為反動組織;對過去衝擊過軍事機關的群眾,無論左、中、右,一律既往不咎……[16]。4月13日,中央做出關於內蒙古問題的決定,宣佈內蒙軍區在「支左」中犯了方向、路線錯誤,決定改組內蒙軍區,對軍區副政委劉昌等人實行隔離審查或停職反省。中央又對山東、福建、四川、甘肅、廣東、湖南、江西、河南、吉林、湖北等地的「支左」問題做出決定或表態,認為這些地方的軍區都犯了方向路線錯誤,支持了保守派,打擊了革命派,並責令各地軍區公開向群眾檢討。於是各大軍區紛紛向群眾承認錯誤,賠禮道歉。成都和武漢問題比較複雜,中央專門派謝富治和王力去成都解決問題,毛澤東7月南巡,到武漢解決該地的問題。毛在武漢期間,觸發了武漢「7‧20事件」。此時,中央文革發出「揪軍內一小撮走資派」的號召,更大的群眾衝擊的浪潮正洶湧而來,軍隊的地位這時降到了最

16　同上,第107頁。

低點。

　　文化大革命形勢的特點，是瞬息萬變，大起大落。當軍隊處於困難地位時，毛突然站到軍隊一邊，把打擊的矛頭指向激進派中的一部分人，開始批判所謂極「左」思潮。從 1967 年 9 月開始，衝擊軍隊就是犯了「反軍罪行」。激進派紅衛兵和革命造反派失寵了，保守派得勢了，軍隊的地位穩定了。

　　從 1968 年起，軍隊派出大批人員，以「軍宣隊」或軍代表名義，進入學校、機關、廠礦等所有單位，領導那裡的工作和文化大革命運動，特別是領導「清理階級隊伍」運動。廣西、陝西、山西等地尚有少數群眾組織堅持武鬥，拒絕放下武器。軍隊奉命解除了他們的武裝。文化大革命中成立的臨時權力機構革命委員會，實際上是軍人當政。全國二十九個省、直轄市、自治區的革委會，有二十個由軍人當主任。軍隊有 5,193 名幹部擔任了全國縣以上革委會的第一或第二把手。山西、雲南、湖北等省，擔任縣以上革委會主任的幾乎百分之百是軍人。1969 年中共九大，林彪成為法定的毛的接班人，大批軍人進入中央委員會和政治局。軍隊在文化大革命中，既起了重要的作用，又犯了很大錯誤。在「支左」中，軍隊支一派，壓一派，加深和擴大了兩派群眾的對立和分裂；在「支工支農」中，他們缺乏專業知識，卻大搞「瞎指揮」，破壞、而不是支持了工農業生產；在審查幹部和清理階級隊伍過程中，軍隊的作用更加惡劣。僅在中央專案組一、二、三辦工作的軍隊幹部，就達到 789 人，擔任正副組長的有 126 人。全國各地區、各部門、各單位的審幹、清隊工作都毫無例外地在軍宣隊或軍代表領導之下。他們中一些人，作風野蠻，態度兇殘，審查中大搞逼、供、信，對審查對象實行殘酷鬥爭，無情打擊，根據上面

的需要，製造了無數的冤案、假案、錯案，打死、逼死和害死不少人。特殊的地位使得軍隊幹部變成了文化大革命中的一代新貴。他們在同地方政府關係上，態度驕橫，唯我獨尊。在地方上成立了革委會，恢復了黨的組織以後，軍隊仍然干涉地方事務，例如，省委、省革委決定了的重大問題，還要由軍區黨委來最後決定，縣委的組成要經過縣武裝部同意等。

當軍隊被控執行了資反路線，犯了方向路線錯誤，而紛紛檢討時，他們在中央文革面前忍氣吞聲，江青等人對他們則頤指氣使。現在，他們走出了困境，取得了重要地位，不再能夠容忍中央文革一夥文人繼續對它指手劃腳，橫加指責了。九大以後，中共的權力結構，成為三足鼎立之勢，只是老幹部這一派不足以同林彪與江青兩個集團抗衡。林、江兩集團之間的鬥爭加劇了。這個鬥爭又演變為毛林之爭，最後發展成震動全國，震動世界的林彪外逃的「九一三事件」。

第六章 恢復秩序

　　在 1966 年 10 月的中央工作會議上，毛澤東說過，文化大革命打算搞一年多時間。1967 年 7 月 14 日，他在政治局會議上說，一年開張，兩年看眉目，定下基礎，三年收尾，這就叫文化大革命。他把文化大革命的期限延長到了三年，即到 1969 年。會後他就起程到南方巡視去了。

　　當時，他嘴裡說「文化大革命形勢大好」，但他知道，形勢並不好。一到武漢，他就觸發了「七‧二○事件」，不得不倉皇離漢去滬。武漢事件雖被鎮壓下去，但全國各地兩派武鬥加劇，局勢一片混亂，他所希望的「大聯合」、「三結合」、革命委員會完全落空。此時，他在上海，周恩來給他送來一批材料，把一系列重大問題提到他面前：是不是讓運動向著「揪軍內一小撮走資派」的方向發展？

是不是同意中央機關全面奪權？是不是聽任文化大革命繼續干擾中國的對外關係？是不是讓兩派武鬥繼續打下去……這是毛必須回答的問題。

　　毛經過考慮，決定採取措施，來扭轉局勢的發展方向。毛的決策往往出人意料，這次也不例外。他的辦法是，拿一些人當替罪羊，把混亂局勢的責任推到他們身上，自己則以正確姿態，出來收拾殘局。他抓住的人，是當時正紅得發紫的王力、關鋒、戚本禹。王力剛從武漢回來，就對外交部造反派發表了那篇隱射周恩來、鼓動再奪權的講話。王力那篇講話的背景不詳，但決不可能是他個人突發奇想。毛在那篇講話上，批上「大大大毒草」幾個字。他又把《紅旗》雜誌社論號召「揪軍內一小撮」的責任，歸到關鋒一個人身上，在這篇社論上批道「還我長城」，指責關鋒企圖自毀人民解放軍這個「長城」。[1] 然後就以企圖「分裂無產階級司令部」和「煽動極左思潮」的罪名，下令將二人逮捕。不久，中央文革另一成員戚本禹以同樣罪名下獄。與此同時，毛把批判的矛頭指向激進派紅衛兵和造反派。9 月 1 日和 5 日，江青奉命接連發表長篇講話，強烈抨擊王力、關鋒，強烈批評以所謂「懷疑一切」、「打倒一切」為特徵的的極「左」思潮。她還說，北京的群眾組織中，有一個反革命的「五一六」陰謀集團。據說，它以極「左」的面目出現，以分裂無產階級司令部，搞亂中國人民解放軍，反對新生的革命委員會為目的。她號召人們起來打倒這個反革命組織。江青的講話傳達了一個重要的訊息，說明文化大革命臨到一個轉捩點，要從發動群眾，發起進攻，轉到停止進攻，實行收縮了。王、關、戚是激進派紅衛兵和造反派的積極支持者，

1　鐵竹偉：《霜重色愈濃》，北京，解放軍文藝出版社，1986 年，205 頁。

他們被清洗，激進派大受打擊，保守派開始得勢了。

　　緊接著，全國報刊大肆宣傳毛澤東的南巡「重要指示」。毛的「指示」印證了這一方向性的變化。當初，毛澤東鼓勵群眾組織起來造反。他把群眾分為革命派和保守派，現在他不再這樣劃分了。他說，在工人階級內部，沒有根本的利害衝突，沒有理由分裂為誓不兩立的兩大派組織。他要求兩派群眾實現革命的大聯合。鑒於絕大多數領導幹部不是被「打倒」，就是「靠邊站」，毛強調必須正確對待幹部，指出絕大多數幹部都是好的，並說要解放一批幹部。他批評激進派紅衛兵和造反派頭頭那種「惟我獨左」，「惟我獨革」和堅持在聯合中要「以我為核心」的態度。他警告激進派紅衛兵和造反派，現在正是他們犯錯誤的時候。[2] 這時全國各地兩派武鬥方酣，大聯合、三結合的革命委員建立不起來。只有解散群眾組織，使兩派失去打派仗的基礎，才有可能平息武鬥，建成革命委員會，完成奪權的任務。於是，毛就借著清洗王、關、戚，批判極「左」思潮，打擊所謂「五一六」反革命陰謀集團的聲勢，發動了一個解散群眾組織，實現兩派群眾大聯合的運動。

難產的革命委員會

　　毛澤東把 1967 年初爆發的奪權鬥爭，稱為文化大革命的決戰階段。但是，這場決戰變成了持久戰。全國二十八省市、自治區，1、2 兩個月奪權算是成功的，只有黑龍江、山東、貴州三省和上海一市。所謂奪權成功，是指革命群眾宣佈奪權後，實現了革命群眾、革命幹部、軍隊代表的「三結合」，建

2　王年一：《大動亂的年代》，第 270 頁。

立了革命委員會。

這三省一市，奪權後形勢比較穩固的只有上海一處。上海是奪權的發源地，但是其奪權過程也經過四、五次反覆，直到2月23日才正式建立了革命委員會。上海的奪權，是在中央全力支持下才成功的。上海革委會由毛寵信的張春橋、姚文元兼任正副主任，有上海駐軍的堅決支持，有以王洪文為首的「工總司」等造反組織為骨幹力量，政治上具有壓倒優勢。其他幾省奪權成功，也是因為造反派宣佈奪權時，得到軍隊和「亮相幹部」的支持，但反對派抵制得很厲害，兩派鬥爭很激烈，形勢並不穩定。多數地方，軍隊支持保守派，保守派奪權，造反派不服，反之亦然。例如安徽，造反派宣佈奪權，說安徽的奪權「好得很！」因此稱為「好派」，反對派說，安徽的奪權「好個屁」，因此稱為「屁派」。兩派大打出手，誓不兩立，革委會成立不起來。廣西兩派在奪權問題上的鬥爭，主要是圍繞著是否支持韋國清出來主持革委會。他們分裂成為「打韋派」和「支韋派」。「打韋派」是激進派，以「廣西4·22革命行動指揮部」為代表，「支韋派」是保守派，以「廣西無產階級革命派聯合指揮部」為代表。兩派拿起武器，進行戰鬥，在廣西各地打得難分難解。四川的領導幹部劉吉挺、張西挺出來「亮相」，支持造反派奪權，但是得不到軍隊支持，遭到保守派反對，結果奪權不能成功。其他各省市的情況大同小異。總而言之，兩派群眾組織為爭奪權力而鬥爭，聯合不起來。從「一月風暴」到1967年底，整整一年，全國只有六省、三市（黑龍江、山東、貴州、山西、青海、內蒙、上海、北京、天津）算是完成了奪權任務，建立了革委會。還有二十個省的問題沒有解決。毛澤東講的是無產階級與資產階級之間的決戰，現在

卻是兩派群眾之間的內戰，毛的算盤打錯了。

從 1967 年秋起，毛從兩方面採取行動，來解決成立革命委員會的問題。首先是群眾組織的問題。群眾組織是應造反的需要而產生的，現在造反階段過去了，群眾組織也不再需要了。為要解散組織，先要批判「派性」。造反派自認為是革命左派，拒絕同保守派聯合，批判派性，矛頭主要指向造反派。張春橋傳達毛澤東的話說，圍剿派性「不是替造反派臉上抹黑，而是教育造反派」。在中央強大的宣傳攻勢壓力下，上海閘北區的兩派工人組織，率先於九月中旬響應毛的號召，各自宣佈解散自己的組織，實行聯合。其他各區的工人和紅衛兵組織紛紛效法，九月底，上海各大工廠，十四所大專院校和二百七十三所中學在九月實現了聯合。

北京的工人和學生緊緊跟上形勢。九月底，機械、儀器、化工、基建等行業 80％ 的工廠，二十所高等院校，二百六十六所中學實現了聯合。

其他城市各行各業的群眾效法上海和北京的榜樣，解散組織，實行聯合。

無產階級司令部抓住這個勢頭，於十月連續發出兩個通知，一個宣佈全國大、中、小學複課，一個要求全國工廠、企業、學校、機關、文教事業單位解散群眾組織，一律實現大聯合。組織一解散，大聯合就實現了。只有少數地方，兩派還在武鬥，一直打到 1968 年夏天，被軍隊強行繳械為止。

其次，是在中央直接干預下，成立革命委員會。辦法是辦所謂「學習班」，就是把各省兩派的頭頭，當地駐軍的代表，當地領導幹部的代表一起，召進北京，讓他們坐下來就建立革委會的問題進行談判。毛指示，大家在「學習班」內要「鬥私

批修」，兩派代表不許互相攻擊，而要「各自進行自我批評」，自己只說自己的缺點，別人的缺點讓別人自己說，然後就革委會的組成達成協議。出席者都關在「學習班」裡，達不成協定，「學習班」就一直辦下去，不許回去。1967 年 9 月 26 日，周恩來在談到，中央將一個省一個省地解決建立革委會的問題時說，全國有七個省市建立了革委會，有十一個省的代表已到北京，進「學習班」。這些省的問題解決後，其他省的代表再來。[3] 這個辦法果然有效，經過一年又八個月的艱難歷程，全國二十九個省、直轄市、自治區終於建立了革委會。一九六八年九月七日，北京舉行十萬人參加的群眾大會，慶祝奪權鬥爭的「徹底勝利」。周恩來在大會上講話，宣佈走資派阻撓無產階級革命派奪權的陰謀已被粉碎，建立了革委會的中國已是「全國山河一片紅」。

作為文化大革命偉大成果的革命委員會，不免令人有些失望，它不是什麼了不起的新鮮事物，而是個匆忙拼湊起來的大雜燴。所謂「革命的三結合」，軍代表是中央指定的，領導幹部代表是被「打倒」或「靠邊站」的老幹部中能被兩派群眾所能接受的，群眾代表則是兩派各自推派的。軍人在革委會中佔統治地位。全國二十九個省、直轄市中，有二十個由軍人擔任革委會主任。二十九個省、直轄市、自治區革委會常委共 479 人，其中軍人 235 人，佔 49%，群眾代表 132 人，佔27.6%，老幹部 109 人，佔 22%。[4] 在絕大多數省市革委會中，群眾代表主要是保守派，激進派連遭打擊，已無足輕重。只有上海、河南等極少數地方，激進派還在臺上。

3　《中共研究雜誌社》編：《中共文化大革命重要文件彙編》，臺北，民
　　國六十二年，第 241 頁。
4　China Quarterly, London, July-September 1973,p.456。

一九六八年夏，武鬥並未完全停息。一些「老、大、難」的地方和單位且有變本加厲之勢。在北京，財貿系統造反派在西單商場發生聞名全國的武鬥。在清華大學，以蒯大富為首的井岡山紅衛兵「團派」和它的對立面「414」在清華園內變教學樓為堡壘，互相厮殺，進行所謂「百日大戰」，學生死亡十人，傷百餘人。

　　毛澤東決定採取果斷措施，來恢復秩序，制止武鬥。

　　7月27日，根據毛的命令，北京三萬多工人組成「首都工人毛澤東思想宣傳隊」浩浩蕩蕩開進清華園，包圍各教學樓，撤除武鬥工事，解除學生武裝，收繳學生武器，學生開槍，打死五名工人，打傷731人。工人雖遭傷亡，但人多勢眾，學生還是被制伏了。

　　文化大革命開始以來，毛澤東極少公開出面解決任何具體問題，這次他突然一反常態，於7月28日深夜，在全體中央領導人的擁簇下，召見北京紅衛兵五大領袖：聶元梓、蒯大富、王大賓、韓愛晶、譚厚蘭。這次接見距離他寫信熱烈支持紅衛兵起來造反，恰好兩年。現在，他不是支持他們，而是嚴詞批評他們不搞聯合，只打派仗。毛對紅衛兵和造反派的支持至此完全結束。毛決定用工人和軍人來管理學生。

　　8月25日，中共中央、國務院、中央軍委、中央文革發出《關於派工人宣傳隊進駐學校的通知》，宣佈以產業工人為主體，配合人民解放軍戰士以宣傳隊形式進駐學校。次日，人民日報發表毛澤東的指示，指出「實現無產階級教育革命，必須由工人階級領導，必須有工人群眾參加，配合解放軍戰士」，工宣隊「要在學校長期留下去……永遠領導學校」。9月2日，中央軍委和中央文革發出通知，宣佈毛澤東的指示「所有軍事

院校均應派工人隨同軍管人員進去。打破知識份子獨霸的一統天下」。[5] 自此，工宣隊和軍宣隊開進全國各大、中、小學。紅衛兵完成了毛澤東賦予他們的歷史任務，現在他們被工宣隊和軍宣隊管起來了。

1968 年夏，混亂現象在一些地方還有所發展。例如，廣西的柳州、桂林、南寧等地，出現破壞鐵路交通，搶劫援助越南物資，衝擊軍事機關，搶劫軍用物資和殺傷軍隊人員的嚴重事件。7 月 3 日，中共中央、國務院、中央軍委、中央文革聯合發佈通告，把這些事件定為反革命事件，宣佈採取嚴厲措施進行鎮壓。7 月 24 日，中央又就陝西一些地方搶劫銀行、倉庫、商店、車、船，放火燒毀公共建築，中斷交通郵電，殺傷軍事人員的事件發表公告，宣佈對此將嚴懲不貸。毛澤東在同學生領袖談話時，談到這兩個佈告。毛怒形於色，說道「誰如果還繼續違犯，打解放軍、破壞交通、殺人、放火，就要犯罪；如果有少數人不聽勸阻，堅持不改，就是土匪，就是國民黨，就要包圍起來，還繼續頑抗，就要殲滅。」[6]

根據上述兩個佈告和毛的指示，解放軍開始解除各地兩派組織的武裝，武鬥組織紛紛解散，武鬥在全國範圍內平息下去了。

知識青年上山下鄉

群眾組織解散了，武鬥停止了，中共領導人卻面臨一個急待解決的新問題：一千多萬大、中學畢業生怎麼辦？

5　《中國共產黨歷史大事記》，第 298 頁。
6　《中共文化大革命重要文件彙編》，第 201 頁。

文化大革命以來，全國大、中、小學「停課鬧革命」。從 1966 年到 1968 年三年，學校裡積壓了一千多萬初高中畢業生，另外還有十七萬大學畢業生。現在必須給他們安排出路。對於大學生，中共中央決定，採取所謂「面向基層」的方針，把大多數畢業生分配到農村、邊疆、工礦等基層單位。一千多萬中學畢業生怎麼辦？毛澤東決定，來一次空前未有的大規模移民，把這一批十五、六歲到十七、八歲的青少年送到農村去當農民。《人民日報》1968 年 12 月 22 日傳達毛澤東的指示：

　　「知識青年到農村去，接收貧下中農的再教育，很有必要。要說服城裡幹部和其他人把自己初中、高中、大學畢業的子女，送到鄉下去，來一個動員。各地農村的同志應當歡迎他們去。」毛澤東希望通過知識青年上山下鄉，一舉解決他們的就業問題，思想改造問題和在漫長的中蘇邊境上屯田戍邊的問題。

　　在濃厚的個人崇拜氣氛中，在強大的宣傳攻勢下，全國青年掀起了一股上山下鄉的熱潮。同毫無準備的紅衛兵大串聯一樣，知識青年上山下鄉也毫無準備。匆忙中給他們安排了三個去處：去各省農村人民公社的生產隊插隊落戶當農民；去雲南、內蒙等邊遠省份的國營農場當農工；去黑龍江、新疆等邊境省份的軍墾農場、即生產建設兵團當「軍墾戰士」。在毛澤東發出上山下鄉號召的兩年內，就有四百多萬高、初中畢業生奔赴農村、山區和邊疆。這個運動持續了十年，每年都有大批中學生上山下鄉，至 1978 年為止，全國共有 1,623 萬城市青年到農村安家落戶。[7]　1968 年－1969 年大批學生上山下鄉，

7　張化「試論文化大革命中知識青年上山下鄉運動」，載《十年後的評說》，北京，中共黨史資料出版社，1987 年。第 151 頁。

標誌著紅衛兵運動的結束。

六十年代的青少年們，是在響亮的口號下被送到農村去的。毛澤東說：農村是一個廣闊的天地，在那裡是大有作為的。他要求他們去艱苦的地方，刻苦地進行鍛煉，以迎接偉大的革命新時代的到來。但是，這些在城市裡長大的孩子，一到農村，幻想便立刻破滅了，因為在這個廣闊天地裡，等待他們的只是簡單、粗笨的體力勞動和艱苦的生活，除此而外，便一無所有了。

短期的激動過去之後，他們開始想家。但是，他們已沒有了城市戶口，在一切生活必需品都嚴格定量供應的條件下，沒有戶口是無法在城市生活的。體力勞動並沒有像毛澤東所希望的那樣，使這些青少年的思想得到「淨化」，從而安心農村，為建設「社會主義的新農村」而奮鬥。沒有人願意「扎根農村」，回城的願望與日俱增，任何豪言壯語也不起作用。一個爭取回城的運動漸漸在這批青年中興起，他們和他們的家長想盡一切辦法，不惜一切代價，爭取他們能回到城市。終於，早的經過三、四年，晚的經過十來年，絕大部分青年歷盡千辛萬苦，陸續回到了城市。

毛澤東的大規模移民計畫，同早些時候赫魯雪夫在西伯利亞建立「共青城」的移民計畫一樣破產了。為此付出的代價是上千萬青年喪失了受教育的機會，在農村浪費掉他們寶貴的青春，給中國造成了一個「文化斷層」。政府為安置上山下鄉的青年支出人民幣一百多億元。而一代青年在思想感情上受到的創傷，是無法用數字來表達的。

與知識青年上山下鄉同時發生的，是大批幹部下放勞動。

毛澤東早就想精簡日趨龐大的黨政機構。文化大革命給

他提供了大刀闊斧地實行精簡的機會。1968 年，黑龍江省革委會在慶安縣柳河辦了一所農場，定名「柳河五七幹校」，大批幹部被下放到這個幹校勞動，意在執行兩年前發表的毛澤東的「五七指示」。毛抓住這個典型，於 10 月 5 日發出指示「廣大幹部下放勞動，這對幹部是一種重新學習的極好機會，除老弱病殘者外都應這樣做。在職幹部也應分批下放勞動」。

文化大革命中的黨政機關、人民團體、事業單位中的人員大致分為三個部分：一部分人在繼續工作，這就是所謂的在職幹部，約佔原來人數的三分之一或不到；一部分人離開工作搞文化大革命，這些人統稱革命群眾；還有一部分人是已經被「揪出來」、他們的問題屬於所謂「敵我矛盾」的人，或是被認為「有問題」但尚未定性的，這批人也不少。在職幹部當然是沒有問題的人。下放的主要是後兩類幹部。下放的目的有二：一是從事體力勞動，改造思想；二是把「揪出來的」、尚未「揪出來的」和「有問題的」人集中送到農村，在「五七幹校」中進行審查。

大規模的下放是從 1969 年的 11 月開始的，這也是一次移民運動。無數黨、政、軍機關，文教事業，人民團體的幹部，包括老弱病殘在內，攜家帶口，全家遷移到農村。有問題者都作了不再回城的打算。「五七幹校」如雨後春筍，在全國農村湧現。它們或是由勞改農場改建，或是下放幹部自己建造的簡易房屋。除了從事體力勞動，主要是開展「清理階級隊伍」運動，接受審查。林彪事件以後，文化大革命失去了原來的勢頭，運動逐漸鬆弛下來。中共領導也認識到，下放幹部無法永遠在農村生活，在經過從三、五年到七、八年不等的磨練後，他們陸陸續續地返回城內，重新分配了工作。毛澤東說，知識份子

需要經過體力勞動，來一番脫胎換骨的思想改造。然而，實行體罰的「五七幹校」沒有使任何人得到這樣的改造。

右傾翻案風

1967 年武漢「七‧二〇事件」後，全國保守派受到打擊。不久，批判極「左」，激進派受打擊，保守派抬頭。批判「左」傾出右傾，批判右傾出「左」傾，共產黨黨內鬥爭歷來如此。文化大革命中也是一樣。受到批判極「左」思潮鼓舞的保守派，起而對文化大革命中的一些情形質疑，把矛頭指向毛寵信的一些人。這種情況被中央文革稱為刮右傾翻案風。於是，緊接著批極「左」，中央文革發動了反擊右傾翻案風的運動。

右傾翻案風的主要表現是：

北京石油學院的一派紅衛兵貼出大字報，批評激進派在反擊「二月逆流」時反對周恩來。清華大學的一派紅衛兵反對深得毛澤東和江青寵信的副總理兼公安部長謝富治，他們還認為，已經被打倒的該校校長蔣南翔和副校長劉冰不是什麼「反革命修正主義份子」，而是革命領導幹部。他們攻擊「一月奪權」是牛鬼蛇神大翻身。在上海，一些人出來反對江青和張春橋；一個叫「共產黨員心向毛澤東」的組織，把矛頭專門指向江青。已被摧毀的保守派組織「赤衛隊」的人聲稱，批極「左」證明，他們是正確的，應當恢復「赤衛隊」組織。

外交部出現了一張由九十一名大使、司長、處長簽名的大字報，被稱為是右傾翻案風的最突出的表現。此事源於批判王力 8 月 7 日對外交部造反派的講話。王力被清洗後，周恩來對外交部造反派採取行動，於 10 月中旬宣佈，外交部革命造

反聯絡站核心小組與「五一六」反革命陰謀集團，有直接或間接的聯繫。在這種指控下，聯絡站宣告垮臺。原來的保守派，自稱「無產階級革命派」（無革派）起而代之。在周恩來的支持下，無革派奪了造反派的權，領導外交部的文化大革命運動。在周恩來的支持下，無革派以造反派和曾經支持過造反派的領導幹部為對象，在外交部發動了一個「批極左，抓壞人」的運動，許多人被打成「極左份子」、「階級異己份子」、「現行反革命份子」、「歷史反革命份子」、「叛徒」……等，關押起來，實行所謂「群眾專政」。

此情此景使一批大使、司長、處長深受鼓舞，遂於 1968 年 2 月 13 日貼出一張大字報，題為〈揭露敵人，戰而勝之──批判「打倒陳毅」的反動口號〉。大字報說「一九六七年新年前後，王力一夥炮製了一個打倒陳毅同志和其他幾位副總理，反對周總理的罪惡計畫，掀起了一股反革命逆流」。大字報把外交部的造反派稱為極「左」份子，說他們的頭頭是「壞人」。大字報支持副部長姬鵬飛和喬冠華，反對副部長劉曉和陳家康，說他們是與王力「裡應外合」的「牛鬼蛇神」。大字報歡迎外交部進行的「批極左，抓壞人」的鬥爭，並要求把這個鬥爭進行到底。[8]

這篇否定「二月逆流」，為陳毅翻案的大字報，引起了無產階級司令部的注意，被認為是否定文化大革命的右傾翻案風的代表作。此事發生在周恩來直接領導的外交部，令他十分尷尬，九十一人中不乏他的親信。為避免被江青等人抓住把柄，他連忙採取主動，率先批評九十一人的大字報，說它是錯誤的，是「借保陳毅實保自己」，給陳毅「幫了倒忙」，「對

8　《中共文化大革命重要文件彙編》，第 414 頁。

群眾有對立情緒」等。外交部無革派的觀點與這張大字報完全一致，但是，周恩來和中央文革都批評了這張大字報，他們只得在外交部發動反擊右傾翻案風的運動，把為首策劃這張大字報的大使和司長，揪到臺上進行批鬥。陳毅也公開表態，批評這張大字報。3月初他到外交部大會上作檢討，承認自己對文化大革命思想上有抵觸情緒，說自己在「二月逆流」中的錯誤，「實際上是反攻倒算，對抗文化大革命，對抗毛主席的革命路線」。他責備自己「以老幹部的代表自居」，也是一種派性。他批評說，「九十一人的大字報就是最惡劣的派性表現」，「是借保陳毅之名，實際保自己」。[9]

在反擊右傾翻案聲中，發生了「楊、余、傅事件」，這是文化大革命中又一場權力之爭。

楊、余、傅事件

楊、余、傅事件僅次於彭、羅、陸、楊事件，而大於王、關、戚事件，是文化大革命中的又一場重要的鬥爭。楊成武是人民解放軍代總參謀長、軍委常委、軍委副秘書長、總參黨委第一書記；余立金是空軍政治委員、空軍黨委第二書記；傅崇碧是北京衛戍區司令員。由於他們對一些事情的處理，觸怒了林彪、江青，被打成「楊、余、傅反黨集團」，而被清洗。

清洗楊、余、傅，是一場突然襲擊，事前他們毫無所知。1968年3月23日凌晨，三人分別在自己住所，睡眠中被叫起，到人民大會堂開會。抵達後，楊以犯錯誤為由被隔離審查，傅以調動工作為由，被送往瀋陽軟禁。余立金被指為「叛徒」，

9　同上，第418頁。

而投入監獄。

三月二十四日淩晨兩點，林彪、周恩來、江青、陳伯達、康生等人在人民大會堂召開軍隊團以上幹部會議，宣佈撤銷三人職務的命令。林彪首先講話，說「楊成武同余立金勾結，要篡奪空軍的領導權，要打倒吳法憲；楊成武同傅崇碧勾結，要打倒謝富治。楊成武的個人野心，還想排擠許世友、排擠韓先楚、排擠黃永勝以及與他地位不想相上下的人」。他說「楊成武的錯誤，主要是山頭主義、兩面派和曲解馬克思主義。」關於傅崇碧的問題，林彪只談到，他膽大妄為，不久前竟帶了幾輛卡車，全副武裝，衝進中央文革的駐地去抓人。關於余立金，林彪談得更少。[10]

周恩來、江青、陳伯達、康生等接著講話，重複上述指控，沒有提供任何有關楊、余、傅三人，如何互相串通奪權的具體事實。周恩來和康生都談到，楊成武的後面可能還有「黑後臺」。他們指的可能是聶榮臻，因為聶是楊在晉察冀時期的上級。

散會前，毛澤東來到主席臺，接見全體到會者，表示他批准了這次清洗。會場歡聲雷動，高呼「毛主席萬歲！萬萬歲！」「毛主席萬壽無疆！萬壽無疆！萬壽無疆！」

山頭主義之說，事出有因。共產黨軍隊內是有「山頭」的。從三十年代初江西中央蘇區時期起，到抗戰時期止，楊成武一直在林彪麾下任職，是林的老部下。解放戰爭時期楊轉入華北（晉察冀），在聶榮臻領導下的華北野戰軍任兵團司令員。一九六五年林彪反羅瑞卿時，他站在林彪一邊，為林所信任，

10　《楊余傅事件》，第 1 頁。

被林提名為代總參謀長。

林彪深得毛的寵信而步步高升，但總擔心自己資歷不夠。南昌暴動時，周恩來、賀龍、葉挺、朱德、劉伯承等人是領導人，林彪當時還只是個連長。所以對於下級是否效忠於他的問題，十分敏感。楊成武是林的老部下，曾得到過林的賞識，但他卻不像吳法憲等人那樣，主動宣誓效忠林彪，積極向林彪靠攏。文化大革命中，他的態度與其他老幹部相同，而與激進派格格不入。當時，有人寫材料，攻擊林彪的妻子葉群，說她自稱十六歲（三十年代）就在北平入黨是假的。林對楊說，過去已有人給葉群寫過證明材料，但這些人的地位都不高。他希望楊給葉寫個材料，證明葉入黨情況屬實。楊六十年代初才與葉有接觸，對葉的歷史毫無瞭解，他以此為由婉拒，林彪很不高興。更令林不滿的是，楊竟拒不向他報告他很想瞭解的情況。這是 1967 年夏，楊成武陪同毛澤東南巡時的事。行前，周恩來向楊交代，他的任務是負責毛的安全，當好聯絡員，有事直接向周報告。毛在巡視中說了不少話，其中與林彪有關的有兩點：一是毛一天坐在沙發上看報，楊和其他一些人在場。毛看到報上載有林彪親筆寫的「偉大的導師，偉大的領袖，偉大的統帥，偉大的舵手毛主席萬歲！萬歲！萬萬歲！」毛厭煩地問道「誰封我四個官啊？」接著他又不以為然似地說「什麼永遠健康，難道還有不死的人嗎？」當時人人所喊的口號是「祝毛主席萬壽無疆！萬壽無疆！」「祝林副主席身體健康，永遠健康！」看到毛流露的這種不滿情緒，楊感到駭然。毛又對楊成武等人說「你們不要宣傳這些，要講馬克思主義萬歲。」第二件事是「八一建軍節」前，毛忽發懷舊之情，叫楊返回北京，傳達他的意見，說各位元帥都要參加建軍節招待會。當時他們

正受衝擊，能夠出席招待會，就表示他們打不倒。接著，毛又評論說：朱毛朱毛，沒有朱，哪有毛，有人說朱德是黑司令，我說朱德是紅司令；葉劍英在關鍵時刻是立了大功的；聶榮臻是個厚道人；陳毅是個好同志；徐老總四方面軍的事情不能搞，是張國燾的事情；賀龍是二方面軍的旗幟。這是保護幾位元帥的聖旨。楊成武一一記下，向毛複述一遍，然後回北京向周恩來彙報。[11]

楊成武向周恩來彙報後，遇到葉群，葉向楊打聽毛在巡視中的講話，特別是想知道，毛談到過林彪沒有。楊隱瞞了毛說的「誰封我四個官」和「什麼永遠健康」等話，說毛沒有談到林彪。林後來可能從別的渠道獲悉了毛的講話，對楊更加不滿，認為楊是聶榮臻的「華北山頭」（晉察冀）的人，不忠於他。

林彪說楊成武是「兩面派」，主要是說，楊雖然反對羅瑞卿，但實際上是個羅瑞卿份子，雖然反對劉少奇，但實際上是資產階級司令部的人。至於楊「曲解馬克思主義」，說的是總參起草、用楊的名義於一九六七年十二月發表的一篇文章〈大樹特樹毛澤東思想的絕對權威〉。毛看到後批評說，絕對權威的提法不妥。從來沒有單獨的絕對權威，凡是權威都是相對的，絕對的東西只能存在於相對的東西之中。大樹特樹的說法也不妥，權威或威望只能從鬥爭實踐中自然地建立，不能由人工去建立，這樣建立的威信必然會垮下來。楊不但被批評為曲解馬克思主義理論，而且被說成是「明為樹人，實為樹己」，是為了樹立自己的權威。[12]

11　同上，第 44-48 頁。
12　同上，第 96 頁。

余立金與楊成武一起陪同毛巡視。途中,他也曾被派回北京向周恩來彙報。吳法憲先是以個人名義,後來用空軍黨委常委名義,要余彙報毛在途中的講話。余堅持說,自己並未被授權傳達毛的講話。最後,吳稱葉群要余去向林彪彙報,余還是沒有去。余因此觸怒了葉群和林彪。余被捕後,空軍機關印發余立金《罪行材料》,列舉余政治上的罪行,主要是「反對毛主席」,「反對林副主席」,「反對江青同志」,具體事實是:

1956年,余在南京空軍幹部會議上說,蘇共二十大反對個人崇拜,「對國際共運是一個重大貢獻。個人崇拜在我們黨內也是有影響的」。一九六五年,余在南京空軍機關一次會上說,「毛主席也有缺點,也可以提意見批評」。一九六七年八月,他曾說「文化大革命是發動起來了,我看今後怎麼收場!」「老幹部盡是黑幫!?我不相信!」

關於反對林彪,是說對於林提出的「三八作風」,他譏諷說「這不是三八節啊!」林提出在一切工作中,政治工作第一,余說「政治是第一位,看起來不錯,但真正要過硬時,還得靠自己的本事。」他還不同意林彪的這種說法「現在毛主席健在,我們是大樹底下好乘涼」。

關於反對江青,是說他「散佈江青同志的流言蜚語,」「惡毒地誣衊、攻擊江青同志」。[13]

至於楊、余勾結,反對吳法憲一事,具體事情是:1968年3月初,楊成武收到兩封匿名信,檢舉空軍副參謀長兼黨委辦公室主任王飛、黨辦副主任周宇馳、劉沛豐、處長余新野等人玩弄婦女、迫害他人等行為。由於這些人是空軍司令部重要

13　同上,第135-138頁。

幹部，又是吳法憲的親信，同葉群、林彪關係密切，所以楊把信批送給林彪，並建議查處。

不料林彪辦公室把信轉回空司黨辦，落入王飛、周宇馳等人手中。他們根據筆跡，認為信是余立金的秘書寫的，於是與吳法憲合謀，並經林辦主任葉群同意，由吳法憲下令逮捕了余的秘書。此事未通知余立金，理由是，據說，余的秘書與楊成武的女兒楊易有曖昧關係。余的秘書已婚，楊易新從學校畢業，未婚，在空軍報工作。余對吳的做法大為不滿，向楊成武告狀，楊因自己女兒被誣而十分惱怒，打電話給吳法憲，要他放人。吳在葉群、林彪支持下堅持不放。余立金、楊成武多次打電話給葉群，控告吳法憲，余還與楊成武的妻子趙志珍一同去找葉群，並求見林彪。林彪當然避而不見。後來，葉群等人將此事加以渲染，成為楊、余勾結，要奪吳法憲的權的證明。楊被捕後，楊的女兒因不堪誣陷，自殺身亡。

傅崇碧身為北京衛戍區司令，文化大革命中負責首都安全，地位十分重要。傅崇碧是也是晉察冀幹部，聶榮臻的老部下，對新興的林彪集團和江青集團，採取敬而遠之的態度。可是，他是中央文革碰頭會的列席成員，天天要與他們接觸。文革初期，被保護、隔離、關押的領導幹部都在傅管轄之下。他曾同意被隔離的彭德懷的侄女給彭送衣物；他批准看管黃克誠的警衛替黃買蘋果，因為黃為便秘所苦，要吃水果；他還讓劉志堅的妻子給劉送藥，並同劉住了一夜；他應周恩來之請，讓賀龍到衛戍區的醫院看病；他又應聶榮臻之請，派兵保護了一批原子彈和導彈專家。這些事引起江青等人不滿，認為他充當了庇護這些人的保護傘。1967年夏，他又一次應周恩來之請，把到北京來避難的二三十位中央局書記、省委書記和國務院部

長以上幹部保護在京郊安全地點。這些人是紅衛兵和造反派要揪的重點人物。在中央文革會議上，江青、康生等人逼迫傅崇碧說出這些人的藏匿地點，傅堅決不說。葉群邀請他去林彪住處毛家灣，他也不去。因此，江青和林彪都認為，傅不是北京衛戍司令員的適當人選。恰好，1968 年 3 月初，發生了查找魯迅手稿的事件。

魯迅夫人許廣平寫信給毛澤東，說魯迅博物館所藏魯迅書信手稿不見了，要求查找。毛叫周恩來負責查找，周將此事交衛戍區傅崇碧辦理。江青也命令查找。經過查找，原來手稿存在中央文革保密室，是江青叫戚本禹從博物館調出的。於是傅崇碧同一些人，分乘兩輛汽車，到中央文革所在地釣魚臺取回手稿。進屋後恰好碰見江青。江看見五個軍人站在屋中，就大聲問道「傅崇碧，你要幹什麼？到這裡來抓人了？」經過解釋，她平靜下來，傅取走了四箱手稿。[14] 此事被說成，傅崇碧在楊成武支持下，帶領全副武裝人員，衝入中央文革抓人。

聶榮臻被指為楊、余、傅的「黑後臺」。楊、余、傅被解職後，聶連忙寫信給毛澤東申述，毛在聶的信上批道「安心養病，勿信謠言」。聶得到了保護。

在楊、余、傅事件中，周恩來處境尷尬。他明知三人冤枉，但不敢違抗，只能暗暗向他們表示一點同情。楊成武聽完林彪宣讀命令，感到莫明其妙，一散會他就問周「這是怎麼回事？」周恩來說「不要著急，有病好好休養。你的問題是林副主席檢舉的，會搞清楚的。」傅崇碧來到人大會堂聽宣讀命令前，周私下對他說「崇碧同志，不論遇到什麼情況，都要冷靜，不要激動。」

14　同上，第 101 頁。

楊、余、傅一案過程中有個奇特現象，就是一夥領導人出面，大捧江青。3月24日軍隊幹部大會上，林彪講話中專門有一段談到江青。林說江是「我們黨女幹部中的傑出的女幹部，女同志中傑出的女同志」，說她在文化大革命中發揮了「獨特的作用」。林講話中，葉群不斷領呼口號「向無產階級革命家江青同志學習！向無產階級革命家江青同志致敬！」3月27日，北京舉行十萬人大會，宣佈楊、余、傅撤職的命令和批判右傾翻案風。江青、康生、陳伯達講話後，周恩來講話。他在講話中七、八次重複「正如江青同志剛才說的……」，而且專門談了一大段「江青同志的戰鬥生平」。他從三十年代江在上海時談起，說「她在那個時候，很年輕的時候，就有魯迅那樣硬骨頭的勇敢……她寫出的文章是戰鬥的文章，值得我們學習的文章。」他說江到延安後，便成為毛的「親密的戰友，勤懇的學生。」他談了江在文化大革命中的獨特作用和她的嚴於律己、寬以待人的好品德。他談到關於江青的「黑材料」，說「那些黑幫、反動派、帝國主義者、特務所寫的那些材料……沒有什麼了不起。」[15]

　　大捧江青，可能與毛的一個批語有關。當時中央文革將江青三十年代在上海發表的《我的一封公開信》呈給毛澤東，文邊附有陳伯達、康生等人的批語「從這封公開信看，江青早在三十年代就已不愧是一位無產階級革命家。」毛閱後欣然批道「我就是從此認識江青的性格的」。[16]

　　楊、余、傅被控煽起「右傾翻案風」。後來清查「五一六集團」，這三個人又被控曾經與王、關、戚一起，煽動極「左」

---

15 《周恩來選集》，第三卷，香港，一山圖書公司，1976年，第666,667頁。
16 《毛家灣記實》，第172頁。

思潮,是「五一六集團」的黑後臺。林彪摔死以後,毛澤東1973年12月21日接見參加中央軍委會議的人員,他在講話中承認,他聽信了林彪的一面之詞,錯整了賀龍、羅瑞卿和楊、余、傅。不久,這些人都正式平反了。

中共九大

自從1956年黨的第八次代表大會以來,中共已經有十三年沒有召開過黨的代表大會了。現在,各省、市、自治區革委會已經成立,黨的組織開始恢復活動,文化大革命的奪權階段,算是結束了。毛澤東決定,1969年應當召開中共第九次代表大會,以肯定文化大革命的成績,全面恢復黨的生活。

1968年10月13日至31日,毛主持召開中共八屆十二中全會,為九大做準備。和平時期,全會居然遇到了法定人數不足的困難!八屆中央委員97人,去世10人,出席會議的人數應為87人,過半數應44人。但是,當時能到會的正式中央委員只有40人。候補中央委員原為98人,現在只有19人能到會。佔總數71%的中委和候補中委都因「叛徒」、「特務」、「死不悔改的走資派」、「反革命修正主義份子」、「反黨份子」等罪名,正在受審,不能到會。為了達到開會的法定人數,臨時從候補委員中提昇10人,使出席全會的中央委員達到50人。並從中央文革、軍委辦事組、各省市、各大軍區、中央各部負責人中遴選了74人列席會議。[17]

全會的主要議題是:決定九大代表產生的指導思想和方法;通過黨章修改草案;審議劉少奇的專案審查報告,通過把

17　《中國共產黨歷史大事記》,第299頁。

他清除出黨的決議。九大的主題是文化大革命。毛提出了兩個問題：文化大革命究竟要不要搞？成績是主要的，還是缺點錯誤是主要的？他的回答是「這次無產階級文化大革命，對於鞏固無產階級專政，防止資本主義復辟，建設社會主義，是完全必要的，非常及時的」。這是八屆十二中全會的主調，也是中共九大的主調。

林彪在全會上作長篇發言，他談古論今，闡述文化大革命的偉大意義，說有史以來全世界共發生過四次文化大革命。「第一次是希臘羅馬的古典文化……同我們這次比較起來，微不足道。」「第二次是資產階級的義大利的文化……以文藝復興進入了繁榮時代。」「第三次是馬克思主義。」「這三次都沒有毛主席領導下的這次文化大革命偉大。」他說，這次文化大革命「成績最大最大最大，損失最小最小最小」。[18]

在全會上，林彪集團和江青集團的人趾高氣揚，老幹部們垂頭喪氣。九大將選舉新的中央委員會和政治局，為了儘量擴大自己的勢力，林、江兩個集團在全會上合作，重提「二月逆流」問題，向老幹部們發起進攻。他們在小組會上追查「二月逆流」的幕後活動，把包括朱德在內的一批老幹部，批得抬不起頭來。

全會通過了將提交九大的黨章修改草案，通過了中央專案組《關於叛徒、內奸、工賊劉少奇的審查報告》，並決議把劉永遠開除出黨。

中共第九次全國代表大會於 1969 年 4 月 1 日至 24 日在北京舉行。出席大會代表人 1,512 人，代表 2,200 萬黨員。大

18　《大動亂的年代》，第 313 頁。

會的特點是狂熱的個人崇拜和強烈的備戰氣氛。每當毛澤東出現在舞臺上或講話時，代表們就如醉如癡，「毛主席萬歲！萬萬歲！」的口號聲震耳欲聾。

林彪代表中共中央，宣讀由張春橋、姚文元起草，經毛澤東審閱修改的《政治報告》。報告從文化大革命的準備、過程、任務、政策一直談到它的最後勝利，是一份關於文化大革命的重要文件。這份二萬五千餘字的報告，是用毛的語錄貫串起來的，其中提到毛澤東和毛澤東思想達一百二十多次。

當時正值中蘇邊境發生嚴重流血衝突，戰爭有迅速升級之勢。毛澤東 10 日在大會上講話，主要談中蘇邊境戰爭。他強調打仗主要靠人的勇敢，說我們一沒有用飛機，二沒有用坦克、裝甲車，三沒有指揮車，但是打了九小時。敵人三次衝鋒，都被我們打垮了。打仗要破除迷信，這次珍寶島就破除了迷信。[19]

大會選出九屆中央委員 170 名，候補委員 109 名。這是一次大換班，上屆中央委員和候補委員（共 170 人）只有 53 人重新當選，在新的中央委員會中所佔份額僅五分之一。政治局委員由八屆的 17 人增為九屆的 21 人。其中林彪集團 6 人，即林彪、黃永勝、吳法憲、葉群、李作鵬、邱會作；江青集團 6 人，即江青、陳伯達、康生、張春橋、姚文元、謝富治。重新選入政治局的黨的元老有：周恩來、朱德、董必武、葉劍英、劉伯承、李先念。新當選的還有許世友和陳錫聯，是兩個大軍區的司令員。4 名政治局候補委員紀登奎、李雪峰、汪東興、李德生都是新當選的。最高權力機構——政治局常委由毛澤東、林彪、周恩來、陳伯達、康生組成。

19　同上，第 322 頁。

林彪達到了他一生事業的頂峰。他是黨的唯一的副主席，全軍的副統帥，毛澤東法定的繼承人。他的名字寫進了九大通過的黨章「林彪同志一貫高舉毛澤東思想偉大紅旗，最忠誠、最堅定地執行和捍衛毛澤東同志的無產階級革命路線。林彪同志是毛澤東同志的親密戰友和接班人。」

周恩來在大會上發言，他用了三分之二的篇幅來頌揚林彪，說林彪在各個革命時期，都緊跟毛澤東、高舉毛澤東思想偉大紅旗。1927年「八一南昌起義」失敗後，是朱德和陳毅率領殘餘部隊，走上井崗山，與毛澤東會師。周恩來卻說，是林彪以南昌起義「光榮代表」的身份去到井崗山，與毛澤東會師。周宣佈，林彪不愧為無產階級司令部的副統帥，他為有林彪作為毛的接班人而「感到很大幸福。」[20]

在九大以後的九屆一中全會上，毛發表講話，說文化大革命的奪權階段已經結束了，但是文化大革命並沒有結束，還有些事沒有做完，這就是「鬥、批、改」。所謂「鬥、批、改」，包括如下內容「建立三結合的革命委員會，大批判，清理階級隊伍，整黨，精簡機構，改革不合理的規章制度，下放科室人員」。這些工作，除了大批判始終在進行外，有的剛剛開始，如建立革委會和整黨，其餘的尚未開始。九大以後，文化大革命進入了叫做「鬥、批、改」的新階段。

20　「周恩來1969年4月14日在中共九大的發言」，哈佛大學費正清研究中心圖書館。

☆ 山在欢呼，海在歌唱，毛主席第七次接见革命小将。敬爱的领袖毛主席，您教导我们要关心国家大事，我们永远铭记心上，世世代代跟着您干革命。颗颗红心永向党。

毛主席乘坐的汽车越驶越近，革命小将无限兴奋。毛主席啊，毛主席！我们一定要沿着您的正确路线奋勇前进，把无产阶级文化大革命进行到底！　（本版照片均为新华社稿）☆

毛主席啊！您是我们心中最红最红的红太阳。今天我们接受您的检阅，感到无比的幸福。我们要永远记住这个最幸福的时刻，永远读您的书，听您的话，照您的指示办事，跟着您干一辈子革命。

毛主席和他的亲密战友林彪同志检阅文化革命大军

第七章 大清洗

　　共產黨的黨內鬥爭是有名的，有時其殘酷性超過任何其他政黨，例如三十年代初在江西中央蘇區，中共領導開展反「AB 團」的鬥爭，採取「逼、供、信」的辦法，對被抓者實行刑訊逼供，被害者不堪折磨，胡亂招供。領導者一聽就信，一信就殺，殺得人人自危，許多紅軍將領在這次鬥爭中被當做「AB 團份子」殺掉。1942 年底延安整風運動期間，中共中央審查幹部，以肅清從國統區派來的特務人員。這個工作的領導者康生再次採用「逼、供、信」的辦法，開展所謂「搶救失足者運動」，把大批來自國民黨統治區域的幹部打成特務。鑑於反「AB 團」時錯殺了不少人，毛澤東這次規定了審幹時「一個不殺，大部不抓」的原則。雖然這次只殺了王實味一個人，但是一大批滿懷熱情而來的青年無端受到冤枉迫害，造成了極其惡劣的後

果。後來由毛澤東出面，公開向被害者賠禮道歉作罷。

文化大革命集過去歷次運動之大成，在黨內外開展了更大規模的、更加激烈、更加殘酷的清查運動。過去每個運動打擊一種人，例如：土改打擊地主，肅反打擊所謂「反革命份子」，反右打擊資產階級右派份子等等。文化大革命中則是一個戰役接著另一個戰役，不同的戰役有不同的打擊對象。一開始是「橫掃一切牛鬼蛇神」，批鬥「反動權威」和「黑幫」「黑線」人物；接著是紅衛兵大抓「四類份子」；奪權階段是大抓「叛徒」、「特務」、「走資派」；清理階級隊伍是一次全面的大清洗，然後又集中清查所謂「五‧一六份子」等等。按照《五‧一六通知》和《十六條》的規定，原來的打擊面並沒有這樣大，但是通過大規模地發動群眾來進行階級鬥爭，必然使打擊面無限制地擴大，以致達到十分荒謬的程度。

文化大革命中進行清查的標準的方式是：在領導號召下，一個或若干個「革命群眾」貼出大字報，指控某人為某種份子，其他革命群眾貼出大字報響應。這樣，一個個有問題的人便被「揪出來」了。他們將在會上挨批鬥，帶高帽，掛黑牌，遊街示眾等等。被揪出來的人統稱「牛鬼蛇神」，他們被集中起來，不許回家，住在自己工作單位特設的「牛棚」內。本單位成立專案組來審查他們。他們在「革命群眾」監督下，每天做一些打掃院子、房間、廁所之類的體力勞動，並接受專案組對他們的審查，按照專案組的要求交代自己的「罪行」。這時，各個工作單位都成立了數量不等的專案組，對被揪出來的人進行「內查外調」。「外調」是一個令人敬而遠之的專業，只有一些所謂「根正苗紅」、受到信任的人才能參加。他們奔走於全國各地，進行「內查外調」，雖然勞累，但卻是一件令人羨

慕的工作。他們是文化大革命中的幸運者。

文化大革命開始不久，緊接著紅衛兵殘害所謂「四類份子」，一些身處高位或有名望的人因不堪紅衛兵的凌辱而自殺或被打死，例如：煤炭工業部長張霖之，中共雲南省委第一書記、昆明軍區第一政委閻紅彥，中共山西省委第一書記衛恒，中共天津市委第一書記萬曉塘；文藝界著名人士最早被迫害致死的有作家老舍，翻譯家傅雷夫婦，導演鄭君里，演員周信芳，言慧珠，上官雲珠等。

叛徒、特務、走資派

經過 1966 年一年的鬥爭後，1967 年 3 月，全國掀起了抓「叛徒」、「特務」、「走資派」的高潮。抓叛徒一事，起源於薄一波等六十一人「叛徒集團」案。薄一波等六十一人，抗戰前被捕，關押在北平監獄中。為了使這些幹部能夠在日本人佔領北平前出獄，參加抗戰，由當時中共北方局組織部長的柯慶施建議，主持北方局工作的劉少奇同意，報請中共中央批准，讓他們按照國民黨當局的規定，在報上刊登啟事，而後被釋放出獄。當時在中央主持黨的工作的是張聞天，他是與中央其他領導人商議後，批准這個建議的。作為黨的主要領導人的毛澤東當然與聞其事。文化大革命時，六十一人中許多人已是重要的領導幹部，如薄一波是中共中央政治局候補委員、主管經濟工作的副總理，劉瀾濤是中共中央西北局第一書記，安子文是中共中央組織部長，楊獻珍是中央黨校校長。

毛澤東要打倒劉少奇，康生投毛之機，於 1966 年 9 月 16 日寫信給毛澤東，舊事重提，說這些人是反共出獄的，並說，

「少奇的決定，就使這些人的反共叛黨合法化了。」此時，西安和天津的紅衛兵都提出劉瀾濤「叛變出獄」一事。西北局請示中央，如何答覆紅衛兵。周恩來於 11 月 24 日草擬了對西北局的答覆，要他們向紅衛兵說明，關於「劉瀾濤同志出獄問題，中央是知道的」。在報請毛批示時，周附有一信給毛，說明劉瀾濤等的出獄問題，「當時確為少奇同志代表中央所決定，七大、八大又均已審查過，故中央必須承認知道此事」。毛批准了周所擬定的批復，沒有馬上同意康生的意見。[1]

1966 年底和 1967 年初，毛對劉少奇的打擊升級。在中央文革的策劃下，揭露劉少奇歷史問題的材料源源送到毛澤東面前。這些材料說，劉少奇不但批准了六十一人變節自首，而且他本人也曾多次被捕叛變，是個叛徒。毛獲得了打擊劉的重磅炮彈。他在叛徒問題上、劉少奇問題上的態度都發生了變化。

1967 年 2 月 3 日，毛接見阿爾巴尼亞國防部長巴盧庫，談到六十一人出獄問題。他說：有些人過去是共產黨員，被國民黨抓去，然後叛變，在報上登報反共。不知道他們所謂「履行手續」是一些什麼東西。現在一查出來，是擁護國民黨，反對共產黨。對劉少奇的態度，則可從他 3 月 10 日給章士釗的覆信中看出來。章是毛的老友，當時曾上書毛稱，毛、劉團結乃共產黨領導核心堅強的保證，如劉犯了錯誤，望二人能赤誠相待，切不可將劉打倒。毛覆信說「行嚴先生：惠書敬悉。為大局計，彼此心同。個別人情況複雜，一時尚難肯定，尊計似宜緩行。敬問安吉。」[2] 經毛批准，中共中央 3 月 16 日發出

1 《中國共產黨的六十年》，第 594 頁；《大動亂的年代》，第 224 頁。
2 賈思南：《毛澤東人際交往實錄》，南京，江蘇文藝出版社，1989 年，第 99 頁。

《薄一波、劉瀾濤、安子文、楊獻珍等六十一人的自首叛變材料》，並指出「薄一波等人自首叛變出獄，是劉少奇策劃和決定，張聞天同意，背著毛主席幹的」。

中央的這個文件拉開了在全國範圍內抓叛徒的帷幕，兩派群眾組織為表現自己的革命性，都在各地各部門各單位大抓叛徒。凡是共產黨成立以後，1949 年以前進過軍閥政府或國民政府監獄的共產黨員，都被當做叛徒揪出來，幾乎無一漏網。就打擊政敵而言，抓叛徒比抓走資派更有效，因為後者含義模糊，是「當權派」，幾乎都是「走資派」，人數太多，見多不怪。而且，中央規定，是否「走資派」，要到運動後期才決定。在當時，被戴上一頂「走資派」的帽子，已經不是什麼了不起的事情。「叛徒」則不同，它含義明確，中央重視。特別是康生、江青等人，對這個問題抓得很緊。他們深知，這是清除政敵的最好辦法。所以，在大張旗鼓地揪了一年的叛徒以後，1968 年初又進一步加溫。中共中央 2 月 5 日在批發黑龍江《關於深挖叛徒工作情況的報告》時指出「劉、鄧、陶、及其同夥彭（德懷）、賀、彭（真）、羅、陸、楊、安（子文）、蕭（華）等叛徒和反革命修正主義份子，……結成了叛徒集團。」中央要求各地「徹底清查敵偽檔案，把隱藏在各地區、各部門、各角落的叛徒、特務、裡通外國份子和一切反革命份子徹底清查出來」[3] 這樣，不僅叛徒，而且抓出許多蘇修特務、美國特務、英國特務等等；不僅單個的叛徒，而且抓出一個又一個的叛徒集團，如：

廣東：抗戰期間活動於這個省的中共南方工作委員會和粵北省委的人員全都受到審查。許多共產黨支部被定為「叛徒

---

3 《大動亂的年代》，第 228 頁。

支部」、「特務支部」、「國民黨支部」，共有 7,200 多人受到迫害。死於此案的有廣東省副省長、曾任珠江縱隊司令員的林鏘雲夫婦、當年華南黨的領導人方方、當年廣東省委宣傳部長饒彰風等 85 人。

陝西：這個省的地下黨組織被打成「叛徒集團」，呂正操、萬毅、張學思等高幹被指控暗中與國民黨當局合作，有 12 名軍級將領、36 名省級幹部被定為「叛徒」、「特務」。

新疆：100 多名共產黨員 1942 年被盛世才投入監獄，包括毛澤東之弟毛澤民。他和其他一些人死於新疆，倖存者於 1946 年獲得釋放。揪「叛徒」時他們被打成「新疆叛徒集團」，其中二十餘人被迫害致死。

河北：冀東黨組織為李大釗所建，是最早的共產黨組織之一。1967 年底陳伯達到唐山，說冀東黨名為共產黨，實為國民黨。於是，冀東黨組織被指為「叛徒黨」，共有 1,604 人受審查，737 人被定為「叛徒」、「特務」、「暗藏的國民黨份子」。[4]

在揪出大批叛徒、特務的同時，毛澤東網開一面，1968 年 12 月 26 日，他在一個文件上批道「在犯過走資派錯誤的人們中，死不悔改的是少數，可以接受教育改正錯誤的是多數，不要一提起『走資派』，就認為都是壞人。」[5] 這樣一來，大批「走資派」得救了，他們中的多數不是走資派、而是「犯走資派錯誤的人」了。按照共產黨的規矩，犯錯誤是可以改正的，被定為「死不悔改的走資派」的，只是毛不打算赦免的極少的

4　金春明：《文革時期怪事怪語》，北京，求實出版社，1989 年，第 25，26，61 頁。
5　《大動亂的年代》，第 318 頁。

幾個人，如劉少奇、彭真等，連「全國第二個最大的走資本主義道路的當權派」鄧小平，也是可以改正錯誤的。

中央專案組

眾多的叛徒、特務、走資派、反黨份子、反革命修正主義份子等，被群眾揪了出來，必須審查處理。為此，中共中央1967年夏決定，成立「中央專案審查小組」，集中審理高級幹部的問題。這個小組由以下人員組成：周恩來、陳伯達、江青、康生、張春橋、姚文元、吳法憲、葉群、謝富治、汪東興。所謂高幹，是指中央候補委員、副部長級、省級以上幹部。司、局級以下幹部的問題由本單位的專案組調查處理。

> 中央專案組下設三個辦公室：
>
> 「第一辦公室」（一辦），負責中央機關和各省、市負責人的專案，負責人是中央辦公廳主任汪東興。
>
> 「第二辦公室」（二辦），負責軍隊軍以上高級將領的專案，負責人是代總長楊成武。楊被清洗後是黃永勝。
>
> 「第三辦公室」（三辦），負責公、檢、法系統高幹的專案，負責人是副總理兼公安部長謝富治。[6]

每個辦公室都有各自的大案要案。「一辦」的大案是劉少奇案。在中央文革的示意下，1966年12月，社會上就出現了揭發劉少奇和他的妻子王光美的材料。當時礙於劉仍是政治局常委、國家主席，不便設專案調查，中央因此決定設立「王光美專案小組」來調查王和劉二人的問題，後改稱中辦「丙組

6　張嵩山「一個中央專案組長的懺悔」，北京，《炎黃春秋》月刊，1994年，第九期，第23頁。

專案辦公室」。直到 1967 年 5 月才正式改名為「劉少奇、王光美專案組」。這個專案組人員最多時達到數十人。專案組的實際負責人是江青。她決心不惜一切代價,把劉少奇定為叛徒。與此案有關的人,全部關押在北京第二監獄。中辦一次就從軍隊調來一百多名幹部,負責審問關押在這個監獄中的人,以獲取劉少奇叛變投敵的證據。為了查證劉少奇 1929 年在瀋陽被捕叛變一案,「一辦」光在該地就組織了 400 人的隊伍,來查閱有關的歷史檔案。通過刑訊逼供等一切手段,專案組終於趕在中共八屆十二中全會之前,編出關於劉少奇、王光美的所謂「罪證材料」,提供全會,做出決議,把劉開除出黨。根據最高人民法院 1980 年的統計,因劉少奇一案受到株連,而被定為反革命判刑的案件,達 26,000 多件,28,000 多人。[7]

　　「二辦」有九個專案組,如「彭德懷專案組」、「賀龍專案組」、「羅瑞卿專案組」、「蕭華專案組」等,每個專案組又管轄若干分案組。

　　「彭德懷專案組」是「二辦」九個專案組中最大的一個,它下面有十幾個分案組,負責審查與彭德懷「黑線」有關的17 個人,主要是一些大將、上將級高級將領,

　　如:彭德懷時期的總參謀長黃克誠、解放軍總政治部主任譚政、總後勤政委王平、海軍政委蘇振華、解放軍高等軍事學院政委李志民、北京軍區司令員楊勇、空軍副司令員劉震、軍事科學院副政委鍾期光、瀋陽軍區司令員鄧華、總後勤主任洪學智等。

7　黃崢「劉少奇專案始末」,載《中共黨史重大事件述實》,北京,人民出版社,1993 年,第 267,268 頁;《關於建國以來黨的若干歷史問題的決議,註釋本》,第 391 頁。

彭德懷罷官後，於 1965 年被派往四川，擔任「三線建設」副總指揮。1966 年 12 月被紅衛兵揪回北京，遊街示眾，反復批鬥，然後關押起來。彭在押期間，不斷向中央申訴，無效。1970 年 9 月，專案組作出關於《彭德懷罪行的審查綜合報告》，稱「彭德懷一貫反黨反毛主席，裡通外國，罪行累累，證據確鑿……建議撤銷彭德懷黨內外一切職務，永遠開除黨籍，判處無期徒刑，終身剝奪公民權利」。當時任總參謀長的黃永勝已批示同意，但未執行。彭於 1973 年 4 月患直腸癌住院，1974 年 11 月 29 日去世，終年 76 歲。[8]

　　「賀龍專案組」是「二辦」的要案。賀死於 1969 年 6 月。他的下面，附設十幾個分案組，如總參謀部作戰部長「王尚榮專案組」、國防部副部長兼裝甲兵司令員「許光達專案組」、工程兵副司令員「譚友林專案組」、北京軍區政委「廖漢生專案組」等。他們都被牽連到賀龍一案中。

　　專案審訊是十分殘暴的，刑訊逼供，拳打腳踢，即使是高級將領也不能免。下面是一段保存在中央軍委的審訊許光達的記錄：

> 主審人：說！你是什麼時候被內定為賀龍兵變總參謀長的？
>
> 許光達：我是中央委員、國防部副部長、大將，黨給我這麼高的榮譽，我還要冒殺頭的風險搞兵變，而且才撈個總長？太不划算了，我不幹！
>
> 主審人：你老實交代，賀龍是如何指使你私自調動坦克參與兵變的？

8　《彭德懷傳》，北京，當代中國出版社，1993 年，第 745 頁。

> 許光達：不要說我，就是國防部長林彪也不可能私自調動坦克部隊。

> 主審人：詭辯！到這時候了，你還不老實低頭認罪！

> 接著是拳打腳踢，許因對審訊人員態度不好，被打得頭破血流，鼻青臉腫。終於重病不起，1969 年 6 月去世，比賀龍早死六天，終年 61 歲。[9]

據官方統計，中央、國家機關副部長以上和地方副省長以上的高級幹部，被立案審查的達到總數的 75%。[10]

「清理階級隊伍」

晚年毛澤東在階級鬥爭問題上，是「風聲鶴唳，草木皆兵」。他認為，階級敵人比比皆是，舊的還沒有搞乾淨，新的又一批批地產生。他要借著文化大革命這個機會，把他們統統放出來，然後把他們消滅掉，從「天下大亂，達到天下大治。」他曾經說過，「牛鬼蛇神自己跳出來。他們為自己的階級本性所決定，非跳出來不可」。既然各級幹部從上到下實行了一次大清洗，在人民群眾當中，也要來一次大清洗。這在他的一段批語中，說得很清楚。文革初期，林彪曾送毛一個材料，上面說，在太原、西安、蘭州等地，有人寫大字報攻擊中共中央，有人呼喊反共口號，有人把毛澤東畫像撕碎，踩在腳下。毛批道「林彪同志：這是大好事。左派要準備犧牲幾千人，換取右派幾十萬。」[11] 毛澤東要玩弄 1957 年反右派的故技——「引蛇出洞，聚而殲之」了。這就是他在文化大革命中發動的「清

9　《一個專案組長的懺悔》，第 28 頁。
10　《關於建國以來黨的若干歷史問題的決議》，第 494 頁。
11　《毛家灣紀實》，第 41 頁。

理階級隊伍」（簡稱「清隊」）的運動。

1968年9月，全國各省市、自治區革委會成立。次年4月，中共九大召開。混亂局面基本上過去，毛認為，可以騰出手來「清理階級隊伍」了。

1968年，毛選擇北京六個工廠、兩個學校（簡稱「六廠二校」）作為他自己的試驗點，以獲取「清隊」的經驗。六廠二校是：北京針織總廠、北京新華印刷廠、北京化工三廠、北京北郊木材廠、北京二七機車車輛廠、北京南口機車車輛機械廠、清華大學、北京大學。運動由軍宣隊領導，保守派的群眾為依靠對象。

「清隊」就是在群眾當中像用蓖子梳頭一樣，來一次大清理，把形形色色的「階級異己份子」、「階級敵人」、「有問題的人」清查出來。從北大《關於清理和改造階級敵人的情況報告》就可以窺見一般。報告說，北大兩大派實現「革命大聯合」後，就開始「清隊」。7月到9月為普遍清查階段。清查出舊北大和燕京大學時期的中統、軍統、國民黨、三青團等共51個反動組織；在現有4,711名教職員工中，清出叛徒3人，特務55人（其中潛伏特務17人），歷史反革命21人，現行反革命9人（內含學生一人），地、富、壞份子14人，共102人，其中大部分人已定案處理。[12] 所謂現行反革命，就是在文化大革命中有反黨反社會主義反毛澤東思想言行的人。「六廠二校」的報告經毛審閱後，向全國下發，作為開展「清隊」運動的依據。

其它幾個試點單位的情況大同小異，被清查出來的「階

12　《大動亂的年代》，第330頁。

級敵人」一般不及北大的門類那麼齊全。試點期間，清查出來的人還不算多。如北大，不到教職工總數的 3%。運動全面展開以後，「階級敵人」越查越多，1969 年 4 月，北京有個大學 9,000 職工，查出的「階級敵人」900 人，達到職工總數的 10%。以後更多，不但查出單個的「階級敵人」，全國還查出許多各種名稱的反革命集團，其中最大的是內蒙古的所謂「內人黨」案和廣西的「中華民國反共救國團廣西分團」案。

「內人黨」的簡況是，1925 年，經過共產國際同意，中共在內蒙建立了由烏蘭夫領導的「內蒙人民革命黨」。為時不久，這個黨就停止了活動。「清隊」中，康生等人為打擊烏蘭夫等一批內蒙領導幹部，就說「內人黨」藏垢納污，反共反社會主義，而且仍然在活動。按照中央指示，內蒙開展了聲勢浩大的清查「內人黨」的運動。共有 346,000 人被牽連，11,622 人被迫害致死。

「中華民國反共救國團廣西分團」的簡況是，1968 年 5 月 17 日，廣西革委會籌備小組向中央報告，在廣西地區破獲了這樣一個反革命組織，捕獲了該組織的團長、副團長、政治部主任、經濟部長、支隊長 4 人，聯絡站負責人等共 63 人，繳獲文件、印鑒、槍支、彈藥等多件。該組織的活動涉及南寧、玉林、欽州、柳州四個地區。報告指出，這個反革命組織主要是依靠廣西「四二二派」（造反派）的據點，來進行活動的。6 月 17 日，廣西革籌和廣西軍區發表公告，號召人民起來粉碎這個「反共救國團」。於是，各地區在「清隊」中大抓「反共救國團」，南寧一個地方就揪出三千多人，玉林地區揪了五千多人，欽州和柳州地區各自都清查出一萬多人。其中不少人在清查過程中被打死或打傷。（經過複查，這是個假案，

於 1983 年宣告平反。）[13]

正當「清隊」運動密鑼緊鼓在全國開展之時，中共中央又在 1970 年初發動了一個「一打三反」運動。「一打」是打擊現行反革命，「三反」是反貪污盜竊、反投機倒把、反鋪張浪費。中共中央 1 月 31 日的通知稱「要放手發動群眾。用戰備的觀點，觀察一切，檢查一切，落實一切。使群眾認清，打擊反革命破壞活動是一場激烈的階級鬥爭，是打擊帝、修、反『別動隊』的鬥爭……要突出重點。打擊的重點是現行反革命份子。」[14]「清隊」本來就包括清查現行反革命份子，為什麼還要另發動一個以現行反革命份子為打擊重點的「一打三反」運動呢？這是因為，毛認為，中蘇關係仍很緊張，兩國之間不免一戰。在文化大革命中，階級敵人和各種有問題的份子都已經暴露得差不多了，必須抓住這個機會，來一個大掃除，爭取在戰爭爆發之前，把內部打掃乾淨，以便迎擊外來之敵。對毛澤東來說，已經不止是文革初期他所謂的那幾十萬右派的問題了，文革當中，一些人鬥爭共產黨幹部時採用的那些方式，說明他們對共產黨有很大仇恨，很大不滿。另外，到處都出現了許多所謂「反標」（反動標語的簡稱）和「惡攻」（「惡毒攻擊偉大領袖毛主席」的簡稱）的反革命案件，也須要查清。其實，這是因為，當時人們天天早請示，晚彙報，寫標語，喊口號，念「語錄」，讀報紙，人人思想緊張，深恐出錯。但是，越是緊張，越易出錯，把「毛主席萬歲」喊成「劉主席萬歲」，把「打倒劉少奇」喊成「打倒毛主席」，或是不小心，撕毀了或誤用了毛澤東的像，都是反革命行為。一經發現，立刻批鬥，

13　地久致武：《血與火的教訓》，烏魯木齊，新疆大學出版社，1993 年，第 69-70 頁。

14　《大動亂的年代》，第 336,337 頁。

輕者交給群眾，實行「群眾專政」，重者扭送公安機關，投入監獄。這類事件比比皆是。公開站出來批評毛澤東、林彪、江青的人也有，如24歲的青年遇羅克，以「惡攻」罪名，在「一打三反」運動開始時被處決。遼寧省女幹部張志新，著文批評文化大革命，反對毛澤東選擇林彪為接班人，批評江青誣陷好人，被判無期徒刑。她不服，改判死刑。臨刑時，怕她呼口號，先將她的氣管切斷才執行槍決。再如蘇州圖書館副館長陸秀蘭，寫文章批評毛澤東，要求儘快結束文化大革命，也在「一打三反」運動中作為現行反革命份子被槍決。

「一打三反」運動從2月開始，到11月收尾，共十個月，抓出反革命份子共計1,840,000人，逮捕284,800人，處決數千人。[15]

清查「五‧一六」

「清隊」運動大體分為兩個階段，一個階段是一般性的清查，如北大《關於清理和改造階級敵人的情況報告》所示。另一個階段是集中力量清查「五‧一六」，成為「清隊」的主要內容，是文化大革命中受到打擊的人數最多、牽連最廣的一場運動。

「五‧一六」全名為「首都紅衛兵五‧一六兵團」，是北京激進派紅衛兵中的極少數極端份子組成的一個極「左」派小組織，其發起者是北京鋼鐵學院學生張建旗、北京外國語學院學生劉令凱等，大約成立於1967年5月、中共中央政治局擴大會議發出「五‧一六通知」一周年之際。這一小批極

---

15 同上。

端份子企圖在所謂「新文革與舊政府的矛盾」的問題上投機，他們以周恩來為主要攻擊對象，採取地下活動的方式，深更半夜出來貼大標語、大字報，攻擊周是「二月逆流的總後台」，認為「周恩來之流的要害是背叛『五‧一六』通知」等。由於陳伯達、康生等人曾奉命對紅衛兵宣佈，不能反周，所以「五‧一六」只能維持地下活動。

　　1967 年 8 月，毛澤東決定扭轉形勢的發展方向，要由「亂」到「治」，手段就是逮捕王、關、戚，批判極「左」思潮，抓「五‧一六」反革命份子。於是，江青一夥人在「五‧一六」問題上大做文章。8 月 11 日，江青、康生、陳伯達召集群眾組織代表舉行座談會，揭發批判「五‧一六集團」，指出它是一個由壞人操縱的反革命組織。8 月 26 日，北京和外地在京群眾組織響應中央的號召，在北京鋼鐵學院舉行「徹底砸爛反動組織首都五‧一六黑匪兵團大會」，揪鬥張建旗等人。9 月 1 日和 5 日，江青向全國發表批判極「左」思潮的講話，指出這種思潮的特點是把鬥爭矛頭指向無產階級司令部、指向中國人民解放軍、指向新生的革命委員會，又說「五‧一六集團」是一個以極「左」面目出現的、反對周恩來、反對黨中央的反革命組織。毛澤東也親自出馬，在姚文元 9 月 8 日發表的一篇文章中，加寫了下面一大段話：

> 「請同志們注意：現在有一小撮反革命份子……他們用貌似極「左」而實質極右的口號，刮起「懷疑一切」的妖風，炮打無產階級司令部，挑撥離間，混水摸魚，妄想動搖和分裂以毛主席為首的無產階級司令部，達到其不可告人的目的，所謂「五‧一六」的召集人和操縱者，就是這樣一個搞陰謀的反革命集團。應予以徹底揭露。」

「這個反革命組織的目的是兩個，一個是要破壞和分裂我們的偉大領袖毛主席為首的黨中央的領導；一個是要破壞和分裂無產階級專政的主要支柱——偉大的中國人民解放軍。」[16]

9月10日，公安部長謝富治接見北京中學紅衛兵代表，談到「五·一六」集團。他說「五·一六兵團非常反動，又非常渺小，他們人數不超過50人，其中相當多是受蒙蔽的年輕人，真正的壞人不超過十幾人。」

「五·一六」成為「過街老鼠」了。這個集團在鋼鐵學院和外國語學院的據點被紅衛兵查抄了，頭頭被揪鬥並被公安機關逮捕。經過這種打擊，這個組織1967年夏季以後，實際上已不復存在。

然而，事隔兩年，「五·一六」在「清隊」中卻成為重點清查對象，在「清隊」的一般性任務完成以後，大致從1969年起，一場批極「左」，抓「五·一六」的運動就全面鋪開了。

為什麼要開展這樣一場運動？因為迷信階級鬥爭的毛澤東，滿眼是階級敵人。他認為，階級敵人在文化大革命中自己跳出來了，公開發洩對共產黨統治的仇恨和不滿了。運動初期他不是就說過「左派要準備犧牲幾千人，換取右派幾十萬」嗎？他認為，是他有意放階級敵人出籠的，現在時候到了，他要收網了。右派在哪裡呢？在毛看來，就在響應他的號召起來造反的激進派紅衛兵和革命造反派中。他們不是「懷疑一切」，「打倒一切」嗎？他們懷疑誰，打倒誰，不是清楚了嗎？如果他們不對文化大革命中的一切亂子負責，那麼由誰來負責

16　姚文元「評陶鑄的兩本書」，《人民日報》，1967年，9月8日。

呢？無論是需要文過飾非的毛澤東，還是慣於嫁禍於人的江青派，或驚魂稍定的「老家夥們」，在這一點上一致起來了。現在，是收拾那幫傢伙的時候了，而清查「五‧一六」正是個很好的理由。負責清查的各單位的軍代表和原先的保守派，對於打擊造反派興趣極大。軍代表們從來就不喜歡激進派，保守派則更是激進派的死對頭。於是，不管三七二十一，一場大抓「五‧一六」的運動在全國展開了。

大抓「五‧一六」具體是怎樣進行的？可以用外交部作為例子，因為「五‧一六」的特點之一是反對周恩來，而王力 1967 年 8 月 7 日與外交部造反派的談話，矛頭是指向周恩來的。王力、關鋒、戚本禹被捕後，被說成是煽動極「左」思潮的罪魁禍首，是「五‧一六」反革命陰謀集團的操縱者、「黑後臺」。外交部清查「五‧一六」的運動搞得是轟轟烈烈的，有聲有色的。早在 1967 年 10 月中旬，周恩來就在外交部宣佈，外交部革命造反聯絡站核心組成員同「五‧一六」有直接間接的關係。周以總理身分對外交部人員發表這個聲明，像在該部扔了一顆炸彈。造反派立刻亂成一團，他們的組織立刻四分五裂，土崩瓦解。該部文化大革命運動的領導權落入保守派手中。文化大革命初期宣佈支持革命造反派的周恩來，這時明確表示，支持保守派，現稱無產階級革命派（無革派）。

1968 年下半年，外交部清查「五‧一六」的運動有重點地、悄悄地在幕後開始。

1969 年，「清理階級隊伍」的運動全面展開，由國務院派來的軍代表馬文波領導，馬系總參三部部長。無革派成為清查運動的主力軍，該部各單位的領導權都由他們控制。現在以造反派為清查對象，他們的積極性極高。早在「清隊」的第一

階段，他們就把造反派的主要頭目關起來，採取逼供的辦法，迫使他們不但承認自己是「五・一六」份子，而且還交代出各自又拉了多少人，加入「五・一六」組織。如此，他們掌握了一個外交部所謂「五・一六份子」的初步名單。

同年 11 月，該部三分之二以上的人員下放到設在湖南、湖北、江西和山西的幾個「五七幹校」，幹校人員按班、排、連、營的軍事系列組織起來，在軍代表領導下，在幹校一邊勞動，一邊搞清查。

1970 年初，清查運動在「徹底粉碎五・一六匪團」的口號下，在幹校全面展開。由「無革派」人員組成的專案組，按照掌握的名單，向他們的捕獵對象下手。他們有一整套方法：個別談話、大小會議批鬥、輪番審訊、隔離審查等等。當時，下放幹部是老老小小，全家同行。專案人員往往先從上有老，下有小的人開始，利用弱點，進行逼供和誘供，迫使他們承認自己是「五・一六」。一旦承認，專案人員立即乘勝追擊，迫使他（或她）交代，還有哪些人是「五・一六」。如此亂供亂咬，「五・一六」像滾雪球一樣，越滾越大。[17]

1970 年 3 月 27 日，中共中央發出了一個《關於清查「五・一六」反革命陰謀集團的通知》。《通知》說，這個集團「在反革命兩面派蕭華、楊成武、余立金、傅崇碧、王力、關鋒、戚本禹操縱下，向無產階級文化大革命倡狂進攻，罪大惡極。有些人認為根本不存在「五・一六」反革命集團，對清查「五・一六」極為抵觸，甚至為他們翻案，是完全錯誤的。」通知強調揭露的重點是它的「骨幹份子和幕後操縱者」，並且

17　作者 1991 年在北京訪問原外交部革命造反聯絡站負責人的談話記錄。

指出目前運動中出現了擴大化傾向，應加以注意等等。[18] 文化大革命中的許多中央文件，信口雌黃，無中生有，達到了荒謬絕倫的程度，這個《通知》就是一個例子。外交部軍代表向全部人員傳達了這個文件，同時宣佈，該部運動進行得很正常，成績很大，不存在擴大化問題。軍代表馬文波 4、5 月份向國務院報告，說該部已經落實和正在落實為「五・一六份子」的為 304 人，專案組手裡掌握的黑名單上人數更多。為促使更多人交代，外交部實行了一種「三不政策」，即凡「坦白交代，認罪態度好的人」，不算「敵我矛盾」、不給處分、不入檔案。國務院認為這個經驗很好，決定向各部推廣。外交部的「五・一六」滾雪球般擴大，很快就達到了一千五、六百人之譜。所有的造反派和支持過造反派的部、司、處級幹部，都作為「五・一六份子」，上了專案組的黑名單，甚至一些毫不相干的人也被牽連進去。幹校有些連隊「五・一六份子」竟然超過了沒有問題的革命群眾。中央各部的情況，大同小異。就連《光明日報》那樣的小單位，也抓出一百多名「五・一六」份子。一個子虛烏有的「五・一六」集團，變成了一個無所不在的反革命組織，而且發展到如此巨大規模，實在令人驚歎。這只有在共產黨統治之下，才有可能，它是同三十年代中央蘇區紅軍中反「ＡＢ團」、四十年代延安整風中的「搶救運動」、五十年代的反右派鬥爭一脈相承的。

由於亂供亂咬，到了 1970 年 6、7 月，運動已經難以進行下去了，繼續下去，人人都有變成「五・一六」的危險。情況報告到周恩來那裡，周指示，不要專門追查「五・一六」的組織問題，應當查罪行。於是，從下半年起，不再追查誰是

18　《大動亂的年代》，第 337 頁。

「五‧一六」了，運動改成清查無需確鑿證物，便於任意詮釋的「五‧一六罪行」了。

1971 年 2 月 8 日，中共中央在《關於建立五‧一六專案聯合小組的決定》中肯定了這個「查罪行」的做法。這時外交部的被清查者，已不稱「五‧一六份子」，而稱「犯了五‧一六罪行的人」了，如同毛澤東把「走資派」變成「犯了走資派錯誤的人」一樣。所謂「五‧一六罪行」，各單位根據自己情況確定，所以各不相同。外交部的「五‧一六罪行」是：王力講話後的奪權、洩露外交機密、火燒英國駐華代辦處等事件。「奪權」和「火燒」兩案實際上與外交部造反派無關，「洩密」則是指王力、關鋒 1967 年夏天以中央文革名義，要外交部提供劉少奇推行「三降一滅」外交路線的例證，外交部革命造反聯絡站組織人員，查閱了建國以來的外交檔案。部內各單位又有各自的大案要案。清查運動圍繞著選定的案件繼續進行。

九月，林彪事件發生，中央領導人的注意力集中到這件大案上。清查「五‧一六罪行」的運動，已查不出更多名堂。所以，林彪事件以後，清查運動逐漸降溫了。不久，連所謂「五‧一六罪行」也不提了，改稱「嚴重的政治錯誤」或「政治問題」。好幾百人曾經在外交部不同類型的會議上，被公開宣佈為「五‧一六」份子，現在也不算數了。1972 年美國總統尼克森訪華後，中國的外交關係有很大發展，外交部急需幹部，但是許多作為革命群眾下放的幹部，仍然滯留幹校。因此，外交部領導決定，結束清理階級隊伍運動，讓他們早日回到外交部。清查了三、四年，結果證明不存在「五‧一六」這個組織，那麼，這個運動如何了結呢？是不是承認這個組織不存

在，搞錯了呢？當然不能承認。不承認又要結束這場運動，怎麼辦呢？辦法是開個大會，根本不提是否存在「五‧一六」這個組織的問題，而是宣佈抓出了幾個人，公佈他們的「罪狀」，並且宣佈根據這些「罪狀」，這些人就是所謂的「五‧一六份子」，然後宣佈運動結束。這一切是在周恩來領導下進行的。在被清查的一千多人中，選出了二十個人，定為「五‧一六反革命份子」，經過周恩來批准，在大會上宣佈。這二十人中有姚登山等支持過造反派的幾名司級幹部，有外交部革命造反聯絡站核心組的大部份成員。其他被清查的人算是在文化大革命中，犯了大小不等的各種錯誤，不是什麼「五‧一六」。1972 年 10 月，清理階級隊伍運動在外交部結束。[19]

在中央機關中，外交部的清查「五‧一六」運動是進行得最為有頭有尾的，其他部門也同樣抓出大批「五‧一六份子」，但後來都不了了之，不像外交部那樣，給人戴上「五‧一六」的帽子。姚登山等二十人，少數被關進監獄，多數留在外交部接受「群眾專政」。直到八十年代初才先後恢復自由。另作結論，不再提「五‧一六」之事。

官方沒有公佈過清查「五‧一六」運動中遭受迫害的人數。但是，受害人數在文化大革命中應屬首屈一指。因為，被清查對象是全部激進派紅衛兵和造反派，他們全都上了「五‧一六」的名單，只是許多人還沒有來得及「被揪出來」運動就降溫了。據說，南京市的「五‧一六」達 270,000 人，一個 6,000 人的工廠，成為「五‧一六」的達 2,000 人。[20] 其實，與北京的中央黨政機關比較，一與三這個比例並不算高。許多

19　作者訪問外交部造反派負責人的談話記錄。
20　黑雁南：《十年動亂》，北京，國際文化出版公司，1988 年，第 198 頁。

地方往往一半以上或三分之二的人都成了「五‧一六」。激進派紅衛兵和革命造反派響應毛澤東的號召起來造反，為此付出了沉重的代價。

根據官方數字，從七十年代末、八十年代初起，中央和全國各地共平反文革中的冤假錯案 290 多萬人，包括劉少奇、彭、羅、陸、楊、「六十一人叛徒集團」、「新疆叛徒集團」……等等，凡大案要案都發了專門文件，宣佈平反，唯獨這個涉及人數極多、荒誕離奇的「五‧一六」案，沒有專門發過文件。平反是悄悄地進行的，「五‧一六」問題不再被提起。例如，外交部關於姚登山的平反決定，「五‧一六」問題一字不提。[21]其他人莫不如此，好像清查「五‧一六」這件事，從來沒有發生過一樣。這種情況也只有在共產黨統治下才有可能。

不提這個問題，可能是因為，在文化大革命遺留下來的諸多問題中，這個問題最具爆炸性，因為此案的受害者，人數最多，範圍最廣。它涉及到全國大、中城市中的每一個單位，涉及到黨群關係、軍民關係和文革中的兩派群眾的關係。如果公開平反，當局勢必要承認錯誤，承認錯誤就會誘發爭論，因為群眾中存在的不滿，不是簡單地承認錯誤可以應付過去的。公開平反可能引起波動，影響「安定團結」，所以不如把問題壓下來，讓時間慢慢地把它淡化。

文革當中，打人成風，自殺身亡或死於拷打、折磨、武鬥者不計其數。高級幹部、知名人士，自劉少奇以下，被迫害致死者，不勝枚舉。上述平反的 290 多萬人，是指文革中已正式立案的。受到迫害而不算正式立案者，數以千萬計，連同受到影響牽連的家屬，全國受文化大革命之害的人達到一億以

21　作者 1991 年 3 月在北京訪問姚登山的談話記錄。

上。

　　八十年代初期，中共中央進行了全國性的平反冤、假、錯案的工作。以後，又在全國範圍內進行過一次清查「三種人」的活動。所謂「三種人」，是指在文革期間有過打、砸、搶行為的人，包括那些在審訊別人過程中，刑訊逼供，打死人，或者是打人致殘的專案人員。這些人為虎作倀，民憤極大，在查出後，也受到了懲處。

第八章 林彪事件

　　文化大革命中，甚至建國以來，中共中央領導層有過多次鬥爭，從高崗、饒漱石倒臺，彭德懷被清洗、到彭真、羅瑞卿、陸定一、楊尚昆、劉少奇、鄧小平、楊、余、傅等人被打倒，沒有哪一個事件像林彪事件那樣令人震驚。對於全中國人民來說，林彪事件就像一個悶雷，猛然在頭頂上炸開，叫人目瞪口呆，幾乎不敢相信。

　　林彪二十四歲任紅四軍軍長；不久任紅一軍團軍團長，在紅軍將領中最受毛澤東寵愛。內戰中，林作為解放軍第四野戰軍司令員，戰功卓著，建國後被授於元帥軍銜，在十大元帥中他排名僅在朱德、彭德懷之後，而在其他七名元帥之前。1958 年八屆五中全會，經過毛澤東提名，他被選為黨的副主席，成為毛、劉、周、朱、陳、林、鄧七

人最高領導核心之一。次年，他接替彭德懷，出任中央軍委第一副主席兼國防部長。文化大革命中他越過所有其他領導人而成為無產階級司令部的副統帥，他的名字破天荒地被寫進中共黨章，成為毛的法定接班人。他「毛澤東思想紅旗舉得最高」、「對毛主席最忠」、「跟毛主席最緊」，早已成為人們心中毫無疑義的事實。林則利用一切場合來頌揚毛。在黨的九大會議上，林是這樣來表達他對毛的感激之情的「沒有偉大領袖毛主席的領導，不僅我們黨沒有今天的勝利，就是我自己也沒有今天，沒有毛主席，就沒有我這個人。」[1]

然而，就是這個林彪，被控陰謀殺害毛澤東。官方的材料表明，林彪的罪行是，他企圖在中共中央九屆二中全會上「搶班奪權」，被毛揭露，於是陰謀殺害毛，又被毛察覺，只得乘飛機倉皇逃竄，結果摔死在蒙古的溫都爾罕。

所謂「搶班奪權」，是指他想取得國家主席的職位，最早提出這一點的是毛澤東。1971 年 8 月中旬至九月中旬毛在南巡講話中說「有人急於想當國家主席，要分裂黨，急於奪權。」[2] 這裡指的是林彪。這個說法有幾個問題。第一，林彪曾經表示過想當國家主席嗎？沒有。想當國家主席之說是林彪死後，吳法憲交代說，葉群曾經說過「不設國家主席，林彪怎麼擺？」葉群是否真的說過這個話，無法查證。第二，林彪作為毛的繼承人的地位，不但是九大的決定，而且寫進了黨章，是毫無疑義的事情，有什麼原因使他如此急不可待，要在九屆二中全會上「搶班奪權」？第三，如要奪權，林彪應當奪毛澤

1 　林彪在中共九大大會上的即席發言，手抄稿，藏哈佛大學費正清中心圖書館。

2 　余南「毛澤東南巡考述」，北京，《黨的文獻》雙月刊，1993 年第 5 期，第 79 頁。

東的權，而不應爭當國家主席。按照憲法，國家主席是個象徵性的、禮儀性的位置，無實權可言，這是盡人皆知的事實。林彪奪權，奪一個沒有實權的空位，豈非笑話？第四，林彪生性孤僻，身體很差，深居簡出，不但厭惡一般的禮儀宴慶活動，就連許多中央會議也由葉群代表參加，他自己很少出席。他為何會一反常態，要搶奪一個純禮儀性的職務？第五，林彪跟隨毛多年，深知毛唯我獨尊和多疑善變的心理。林讀《三國》，讀到曹操「挾天子以令諸侯」，已經勢成騎虎時，他在旁邊批道「不要輕易騎上去」。毛澤東在八屆十一中全會上「炮打」劉少奇的司令部，林彪沒有參加會議，中途被毛叫來參加，讓他接替劉少奇為接班人，他上書推辭。毛批示仍讓他幹，他把報告撕得粉碎。[3] 說明他似乎並不那麼熱中於高位。他以搞毛的個人崇拜起家，成為接班人後，仍時時處處注意突出毛澤東，而不突出自己。劉少奇充當國家主席期間，兩主席並列，違反了「天無二日，民無二主」這個老傳統，林彪不會不吸取劉少奇的教訓。

中共中央發出過許多有關林彪的罪行材料，但是，林彪事件的內幕並不完全清楚。根據現有材料，只能看出這樣一個輪廓：事件起因於林、江兩個集團的衝突，由於毛完全站到江青集團一邊，從而轉變為毛、林之間的鬥爭；林彪的妻子葉群和兒子林立果在這場鬥爭中起了很大作用，終於導致林彪倉皇出逃和死亡。

---

3 官偉勳：《我所知道的葉群》，北京，中國文學出版社，1993 年，第215 頁。

林、江集團

文化大革命開始以來，形成分別以林彪與江青為首的兩個集團，前者以中央軍委辦事組為基地，有黃永勝、吳法憲、葉群、李作鵬、邱會作五員大將，全是軍人。江青集團集中在中央文革小組，組長名為陳伯達，實為江青。林彪與江青從舉行部隊文藝工作座談會時開始合作。他們有共同利益，在打倒劉、鄧、陶等一大批黨政領導幹部，清除軍隊中的賀龍、蕭華、楊、余、傅等大批將領的鬥爭中，團結一致，密切配合。林彪尊重中央文革；中央文革擁護林彪。凡軍隊有關文化大革命的事情，林彪從不輕易自己做主，他起草的命令，也先送中央文革修改。林彪在公開講話中稱頌江青，江青則在修改黨章時發動上海群眾，提出「上海廣大黨員和革命群眾強烈要求，在黨章上寫明，林彪同志是毛澤東同志的接班人，以保證我們的黨永不變修，我們的國永不變色。」[4] 呼聲一起，四處響應，林彪的名字寫進了九大黨章。但這兩個集團又有不同之處。林彪原來就身處高位，集團中主要成員都是高級將領，他們的勢力範圍在軍內，他們的利益主要在排斥軍內其他領導人，鞏固自己的地位，他們不大向軍外伸手。江青集團則主要是一批政治上的暴發戶，他們野心勃勃，頤指氣使，到處伸手。文革初期，這兩個集團關係上不協調的一面就已顯示。江青領導下的中央文革，任務是鼓動群眾起來造反；響應號召起來造反的紅衛兵和革命造反派對黨、政、軍機關進行衝擊，一般均得到中央文革支持。這常使林彪處於尷尬的地位，因為他既要支持群眾運動，又要保持軍隊的穩定，當軍事機關受到衝擊而向他求救時，他常常覺得難以表態。尤其1967年的「二月鎮反」，

4　葉永烈：《張春橋浮沉史》，長春，時代文藝出版社，1988年，第233頁。

中央文革向毛澤東告狀，指責軍隊鎮壓了群眾，在毛的支持下各地受壓的激進派紅衛兵和革命造反派得到平反，而各大軍區則紛紛檢討犯了「方向路線錯誤」，這不能不使林、江兩集團的關係罩上陰影。

實際上，作為一名功勳卓著的戰將，林彪未見得看得起電影演員出身的江青和中央文革那一批文人；江青則因毛的重用而忘乎所以。林彪在公開場合不得不吹捧江，但根據林彪的秘書所寫的回憶，早在文革初期，林、江二人當面就發生過衝突；林彪不喜歡與江青往來，也禁止葉群往江青住地釣魚臺跑。隨著形勢的變化，林、江兩個集團之間的明爭暗鬥也在發展。還在九大正式召開之前，林、江集團之間的裂隙已經出現。

1968 年春，楊、余、傅事件後不久，林彪集團的重要人物葉群就通過南京空軍政委江騰蛟，暗中策劃了上海炮打張春橋的「四一二」（四月十二日）事件。上海突然有人公開揭發三十年代寫文章攻擊魯迅的那個狄克，就是張春橋，張還是楊、余、傅的黑後臺等等。這次攻擊來得如此猛烈，以致不得不由江青出面，請林彪派空軍司令員吳法憲到上海，宣佈「張春橋同志仍然是中央文化革命小組副組長；仍然是南京軍區第一政委；仍然是上海革委會主任；仍然是上海警備區第一政委。」[5] 這樣才保住了張春橋。黃永勝在楊、余、傅事件後被林彪由廣州調到北京出任總參謀長，經過一些接觸，他對江青採取敬而遠之的態度，江也不喜歡這個新總長。一次，江批評黃未把某個部隊調動情況通知中央文革，黃反駁說按例這類調動無須通知，江認為黃頂撞她，心中大為不滿。一九六八年夏，一份給江青、黃永勝等四人的中央專案組報告送到江青處，黃

5　同上，第 234 頁。

在報告上批道：擬同意。江青大怒，說她是這個專案組的組長，黃越過她而批這個文件是奪她的權。不久，黃正要率領一個代表團去訪問阿爾巴尼亞，江青提出換人，因為她認為黃「不配」，使得林彪極為尷尬。此事經過周恩來斡旋，報告毛澤東，決定仍由黃去，才得到解決。

總政的主任、副主任蕭華、劉志堅等人在文革中已被打倒，總政實行了軍管。江青認為，總政軍管會主任王宏坤右傾，不是適當人選，要求換人。這又是一件讓林彪不快的事情。軍委辦事組開會討論多時，找不出合適的人，後來江青不再堅持，此事不了了之。總參作戰部部長溫玉成被任命為北京衛戍區司令員，接替傅崇碧。他本是林彪信任的人，上任後江青經常找他辦事，接觸較多，被林彪集團認為投靠江青。後來，溫又因一件事情被黃永勝和葉群誤認為在黃的辦公室安插耳目，替江青集團監視黃的行動，結果被林彪調往四川，降為成都軍區副司令員。

林、江集團關係上最重要的一個變化是作為中央文革組長的陳伯達，因為不堪江青的羞辱和排擠，通過葉群而投向林彪集團，成為該集團的一員。陳伯達的轉變，江青可能有所風聞。這可以從陳為九大起草「政治報告」一事看出。毛原先令陳起草這個報告。陳寫好後，被江青等人斥為違背馬克思主義的階級鬥爭學說，「鼓吹唯生產力論」而未被採用。陳則反唇相譏，說江青一夥搞的是伯恩斯坦的東西「運動就是一切，目的是沒有的」。林彪後來在大會上所念的報告，是張春橋和姚文元起草，毛澤東修改定稿的。不僅如此，江青竟然對林彪指手劃腳，認為林在八屆十二中全會的講話中，說人類歷史上發生過四次文化革命的說法不妥，她在林的講話上寫了批語，還

把批語送給林看。林彪對此極為惱怒。[6]

　　葉群為爭取當上中央政治局委員，曾公開揚言要緊跟江青。九大以後，她們二人都進了政治局，開始分道揚鑣。九大的結果是黨的權力結構形成三足鼎立之勢，即林彪集團，江青集團和老幹部。但老幹部在文革中元氣大傷，九大之後還不足以與林、江集團抗衡，林、江兩個集團的合作告終，鬥爭開始了。

盧山會議

　　黨的九大以後，中共黨的組織活動開始恢復。毛澤東認為，國家政治生活也應當逐步正常化。1970 年 3 月 8 日，他在武漢令汪東興回北京向政治局傳達他的意見：召開第四屆全國人民代表大會，修改憲法，改變國家體制，不再設國家主席。十七日，中央召開工作會議，贊同毛的建議。4 月 11 日，林彪從蘇州打電話回北京，提出仍然應設國家主席，並建議由毛澤東擔任，認為這樣比較「符合人民的心理狀態。」政治局討論後，多數人同意林的意見，並報告毛，4 月 12 日毛批示說「我不能再作此事，此議不妥。」4 月下旬，毛再次在政治局會議上申明他不當國家主席，並說了《三國》上孫權勸曹操當皇帝、曹操拒絕、說孫權要把他放在爐火上烤的故事。據說，葉群七月曾私下對吳法憲說：不設國家主席，林彪怎麼辦。8 月 13 日，憲法修改小組開會，國家主席問題未再提出。會上，吳法憲要求，憲法上寫上「毛澤東思想是全國一切工作的指導方針」，並且要加上毛「天才地、創造性地、全面地發展了馬克思列寧

6　《我所知道的葉群》，第 212 頁。

主義」等字樣，並同張春橋、康生發生爭論。陳伯達支持吳法憲。張、康不同意寫是因為他們知道，在為九大起草黨章時，毛從草稿上刪去了「天才地、創造性地、全面地」這幾個副詞。林彪等人似乎並不清楚這個情況。吳把爭論向林彪彙報，一直在尋找機會的林彪，認為抓住了打擊江青集團的把柄。他表揚吳幹得好，並決定重施故技，把問題提到即將召開的九屆二中全會上，企圖以維護毛澤東思想為名，來打擊張春橋等人。[7]

全會於 8 月 23 日在廬山舉行。毛澤東 22 日晚上召開政治局常委會，在會上表示，希望把這次會議開成一個團結的會，勝利的會，不要開成分裂的會，失敗的會。這似乎表明，他對憲法修改小組會議上的爭論，已有所耳聞。

23 日，全會開幕，到會中央委員 155 人，候補中央委員 100 人。毛澤東主持會議，周恩來宣佈議程：（一）討論修改憲法問題；（二）討論國民經濟計劃；（三）討論戰備問題。林彪第一個講話。他一本慣例，大捧毛澤東，大肆讚揚毛澤東思想。他說「這次我研究了這個憲法，表現出這樣一種情況的特點，一個是毛主席偉大領袖、國家元首、最高統帥的這種地位。毛澤東思想作為全國人民的指導思想，這一點非常重要，非常重要。」他談了毛的思想如何如何偉大，並強調說「我們毛主席是天才的，我還是堅持這個觀點。」當晚政治局開會討論國民經濟計劃，吳法憲建議學習林彪講話，政治局同意。次日上午，全會全體人員聽林彪講話錄音兩遍。葉群積極活動，佈置吳法憲、李作鵬、邱會作等人、並通過他們佈置海、空軍的中央委員和候補中央委員在小組會上發言，響應林彪的講

---

7 余南「九屆二中全會上的一場風波」，《黨的文獻》，1992 年第 3 期第 84 頁。

話，著重談天才和指針問題，但不要公開點張春橋的名。她又打電話通知留在北京的黃永勝，準備講話稿，支持林的講話，還告訴黃，在發言中要指出，有人反對在憲法中寫進以毛澤東思想為一切工作的指針，反對說毛是天才。24日下午，陳伯達、葉群、吳法憲、李作鵬、邱會作以及軍隊中的一些中央委員分別在全會的華北組、中南組、西南組、西北組發言。

陳伯達帶頭，在華北組作了長篇發言。他表示積極支持林彪的講話，指出憲法上寫上以毛澤東思想為全國人民一切工作的指針，「是經過很多鬥爭的，可以說是鬥爭的結果。」他說「現在有人胡說『毛澤東同志天才地⋯⋯』這些話是一種諷刺」，「有些人想搞歷史的翻案」，「有的反革命份子聽說毛主席不當國家主席，歡喜得跳起來了」。陳毅在不久前曾被毛批評為「右的方面的代表」，此時也在華北組，人們要求他表態。他被迫發言，說從井崗山時代起就認識倒毛是天才。[8]葉群在中南組發言「林彪同志在很多會議上都講了毛主席是最偉大的天才。說毛主席比馬克思、列寧知道的多、懂的多。難道這些都要收回嗎？堅決不收回，刀擱在脖子上也不收回！」

吳法憲在西南組說「這次討論修改憲法中，有人竟說毛主席天才地、創造性地、全面地繼承、捍衛和發展了馬克思列寧主義是個諷刺，我聽了氣得發抖⋯⋯要警惕和防止有人利用毛主席的偉大謙虛來貶低偉大的毛澤東思想。」李作鵬在中南組說黨內有股風，反馬列主義的風，反毛主席的風，反林副主席的風。邱會作在西北組說，有人反對毛主席是天才，這就

8　鐵竹偉：《陳毅元帥在文化大革命中》，北京，解放軍文藝出版社，1986年，第256頁。

是反毛主席，反林副主席。[9] 在個人崇拜之風的籠罩下，大家紛紛發言稱頌毛的偉大，聲討膽敢「貶低」毛澤東思想的人。就連並非林彪集團成員的汪東興（中共中央辦公廳主任、8341部隊的負責人）也在華北組會議上說「我完全擁護林副主席昨天的講話……剛才陳伯達同志的發言，我也同意。這種情況是很嚴重的。我們黨內還有這樣的野心家，這是沒有劉少奇的劉少奇路線」。他還說「根據中央辦公廳機關和8341部隊討論修改憲法時的意見，熱烈希望毛主席當國家主席，林副主席當國家副主席」[10] 各小組討論情況均印發簡報，8月24日的第六號簡報、即華北組第二號簡報頗具代表性，反映了全會的氣氛。簡報說：

> 「大家熱烈擁護林副主席昨天發表的非常重要、非常好、語重心長的講話……大家聽了陳伯達同志在小組會上的發言，感到對林副主席講話的理解大大加深了。特別知道了我們黨內，竟有人妄圖否認偉大領袖毛主席是當代最偉大的天才，表示了最大、最強烈的憤慨，認為在經過了四年文化大革命的今天，黨內有這種反動思想的人，這種情況是很嚴重的。這種人就是野心家、陰謀家，是極端的反動份子，……應該揪出來示眾，應該開除黨籍，應該鬥倒批臭，應當千刀萬剮，全黨共誅之，全國共討之。」簡報稱，大家要求憲法增加「毛主席是國家主席，林副主席是國家副主席。」[11]

各組發言無不跟隨林彪調子，歌頌毛是當代的偉大天才，提請毛任國家主席，要求把反對毛是天才的人揪出來。會議氣氛驟然緊張。張春橋更是驚慌萬狀，坐立不安。自從林彪主持

---

9 《大動亂的年代》，第398頁。
10 同上，第399頁。
11 （11）同上，第401頁。

軍委工作以來，他排除譚政、羅瑞卿、賀龍、揚成武、余立金、傅崇碧等一大批高級將領，毛澤東無不言聽計從。盧山會議上，林不便以江青為直接攻擊目標，而以打擊張春橋來警告江青集團，以為定能得手。但是，他不知道，毛對他並非毫無保留。例如，毛對他那篇大談政變的講話是有不同意見的，曾指出馬克思從來沒有那樣講過。對於林彪深居簡出，不看文件，不參加會議，一心只關注他自己的身體健康，毛也有所不滿，說林對自己的健康問題採取了唯心主義的態度。對於林對他的過份的吹捧，他已明確地表示了厭煩。這次林重施故技，捧毛打張，結果鑄成大錯。

25 日上午，江青慌慌忙忙帶領張春橋、姚文元向毛澤東求救。江說「主席，不好了，他們要揪人。」毛聽了他們的彙報，勃然大怒，立即下令，下午各組停止開會，改開有各組組長參加的政治局常委擴大會。會上，毛指示，停止討論林彪講話，收回第六號簡報。他批評陳伯達等人的發言違背九大團結、勝利的方針，指出不要搞分裂，不要揪人。毛的指示一傳達，會議氣氛立刻轉變。26、27 兩天休會，周恩來、康生奉毛之命找吳法憲、李作鵬、邱會作談話，要吳作檢討。黃永勝此時已到盧山，銷毀了他準備好的講話稿。

毛看到了陳伯達編的一份《恩格斯、列寧、毛主席關於稱天才的幾段語錄》，於八月三十一日寫了一篇短文《我的一點意見》，就「天才」問題狠批陳伯達，指出陳「採取突然襲擊，煽風點火，惟恐天下不亂，大有炸平盧山，停止地球轉動之勢」，對林彪則暫時採取保護態度，說在「天才」問題上，他們兩人交換過意見，看法一致。全會經過幾天停頓，回到原來議程，通過了憲法修改草案，批准了國民經濟計劃報告，批

准了軍委關於加強戰備的報告。在 9 月 6 日閉幕時，毛講話，批評中央委員們不讀馬列的書，上了陳伯達之流「黑秀才」的當。他要求他們讀幾本哲學史，又談了他不當國家主席等。最後宣佈對陳伯達進行審查。[12]

　　長期以來，毛寵愛林彪，對於林對他的恭維，他十分欣賞，對林的意見，他也言聽計從。文化大革命中的說法是，林彪之於毛澤東，正如恩格斯之於馬克思，史達林之於列寧。毛、林親密關係在中共九大時被捧到了最高限度。毛偶爾對林彪的一味吹捧表示過不耐煩，但只有極少數人碰巧見到。九屆二中全會是毛、林關係的轉捩點。從此以後，二人關係急轉直下。毛在盧山會議上的震怒，有他的理由。以林彪為首的軍人集團在黨內坐大，他違背毛的旨意，一再在國家主席問題上糾纏，在盧山會議上又不打招呼，向江青派發動突然襲擊，改變了會議方向，打亂了會議議程。毛的意志是不容佛逆的，他更不能容許黨內出現一個不聽話的軍人集團。於是他就反手一擊，先抓住出頭露面的陳伯達，也抓住在會議上發了言的吳法憲、葉群、李作鵬、邱會作，就連沒有發言的黃永勝也不放過，而暫時把林彪放在一邊。盧山會議一結束，毛就發動了「批陳整風」運動，其目的是要制止林彪的小集團活動。

「批陳整風」

　　盧山會議的直接結果，是林彪集團地位削弱，江青集團地位加強。11 月 6 日，中共中央作出《關於成立中央組織宣傳組的決定》，以康生為組長，成員有江青、張春橋、姚文元、

12　《九屆二中全會上的一場風波》，第 85 頁。

紀登奎、李德生。這個組具有很大權力,管轄中央組織部、中央黨校、人民日報、紅旗雜誌、新華社、中央廣播事業局、光明日報、中央編譯局、總工會、團中央、全國婦聯等。不久康生病倒,這個組的大權完全落入江青之手。[13]

陳伯達自延安時代起任毛的政治秘書,文化大革命成為中央文革小組組長,九大一躍而為中共中央政治局常委,名列毛、林、周之後而為全黨全國第四號人物。毛一舉手就把他打翻在地。11月16日,中共中央發出《關於陳伯達反黨問題的指示》,指出陳在九屆二中全會上進行陰謀活動,有反黨、反馬列主義毛澤東思想罪行,是假馬克思主義者、野心家、陰謀家。當時全國正在開展「清理階級隊伍」的運動,清查「五一六」的活動正處於高潮。《指示》要求同時開展「批陳整風」運動。陳在1968年即被任命為中央「清查五一六小組」的組長,這時卻被指為「五一六的黑後臺」。12月22日起,中共中央召開華北會議,揭發和批判陳伯達,會議一直開到1971年1月下旬。1月24日,周恩來代表中央講話,系統批判揭發陳,說陳反對毛澤東、反對林彪、投靠劉少奇、是馬列主義騙子、陰謀家、野心家、楊、余、傅的黑後臺。

毛又對北京軍區發生懷疑,解除了司令員鄭維山、第一政委李雪峰的職務,任命李德生為北京軍區司令員,謝富治為第一政委。[14]

林彪手下的幾員大將黃永勝、吳法憲、葉群、李作鵬、邱會作被毛勒令作自我批評。1970年10月14日,毛在吳法憲的書面檢討上批道「作為一個共產黨人,為什麼這樣缺乏正

13　《中國共產黨歷史大事記》,第306頁。
14　《大動亂的年代》,第401頁。

大光明的氣概。由幾個人發難，企圖欺騙二百多個中央委員，有黨以來沒有見過。」次日，他又在葉群的檢討上批道「九大勝利了，當上了中央委員不得了了，要上天了，……不提九大，不提黨章，也不聽我的話，陳伯達一吹就上勁了，軍委辦事組好些同志都是如此。」毛對黃永勝的批評是「你一天到晚，不抓大事……路線問題，團結問題，你就抓不住。」1971年1月，中央軍委召開座談會批陳。2月，毛批評說，座談會開了一個月，「根本不批陳」，並且批評黃、吳、葉、李、邱說「你們幾個同志，在批陳問題上為什麼老是被動，不推一下，就動不起來」。五人連忙再次檢討。3月24日，毛在他們的一份檢討上寫了一段話，對陳伯達作了最後的政治宣判。毛寫道「陳伯達早期就是一個國民黨反共份子。混入黨以後，又在1931年被捕叛變，成了特務。一貫跟隨王明、劉少奇反共，他的根本問題在此。所以他反黨亂軍，挑動武鬥，挑動軍委辦事組幹部及華北軍區幹部都是由此而來」。繼王關戚之後，陳伯達也徹底垮臺了。對於五人的檢討，毛批示「以後是實踐這些申明的問題」。[15] 暫時把他們放過去了。

「批陳整風」進行了快半年。4月15日到29日，中共中央召開「批陳整風」彙報會，周恩來在最後一天代表中央作總結發言，除宣佈陳作為反黨份子予以清洗外，還指出黃、吳、葉、李、邱政治上犯了方向路線錯誤，組織上犯了宗派主義錯誤，站到反九大的陳伯達分裂路線上去了，要求他們實踐自己的聲明，改正錯誤。同月，毛澤東派他所信任的紀登奎、張才千參加軍委辦事組，打破林彪對軍委工作的壟斷。[16] 彙報會

15　同上，第413，414頁。
16　同上，第410頁。

的召開表示，陳伯達問題已經解決。黃、吳、葉、李、邱幾人的檢討則不能使毛滿意，因為他們在所謂「天才問題」上兜圈子，說自己理論水準低，上了陳伯達的當，沒有把林彪集團在廬山會議上的真正目的和幕後活動說出來。說出來，要牽涉到林彪，這是林彪不允許的。然而毛窮追不捨，林不肯退讓，終於釀成了震驚中外的「九一三事件」。

「9・13事件」

「9・13事件」是指1971年9月13日凌晨，林彪一家三口乘飛機倉皇出逃，飛機出事，機上人員摔死在蒙古的溫都爾罕一事。此事是九屆二中全會的發展。

全會之後，毛仍把林彪同他手下幾員大將區別開來。毛懷疑北京軍區司令員鄭維山，政委李雪峰是林彪的人，免去了這兩個人的職務，讓總政治部主任李德生兼任北京軍區司令員。李1993年發表文章說，「批陳整風」彙報會召開之前，毛曾命令周恩來帶著他去北戴河看望林彪，傳達毛的意思，要林出來在彙報會上講幾句話，自己找個臺階下來。然而，林既不參加會議，也不承認錯誤。[17] 從九屆二中全會結束，到1971年年4月的「批陳整風」彙報會，一共七個月，林對毛避而不見，保持沉默。「五一節」到來，林彪不得不同毛見面，因為他必須上天安門城樓參加煙火晚會。這次暫短的聚會暴露了毛、林之間的緊張關係。他們應坐在同一桌上，觀看煙火。林彪後到，毛沒有理他，繼續同在華流亡的柬埔寨國王西哈努克談話。林在一旁，尷尬地坐了幾分鐘後，便不辭而別，留下他

17　李德生「從廬山會議到九一三」，北京，人民日報，1994年，1月23日。

與毛的最後一張照片：林沮喪地低著頭，坐在毛的對面。

毛說過，在原則問題上，他是從不讓步的，現在他要向他的「親密戰友」進逼了。這可以從他同總參二部副部長熊向暉的一次談話中看出來。7月9日，基辛格首次秘密到達北京，時任總參二部部長的熊向暉以周恩來的助手身分參加會談。當天會談結束後，周帶領他去向毛彙報會談情況。這是中美兩國關係上的大事，毛理應十分關切。但周開始彙報時，他卻揮手讓周暫停，轉而同熊談總參的「批陳整風」問題。他詳細詢問總長黃永勝、副總長吳法憲等人在運動中的表現。熊報告稱，吳法憲在總參的大會上說，總參同陳伯達沒有來往；黃永勝說他不認識陳；黃、吳都說，總參的工作是「高舉毛澤東思想偉大紅旗」的；黃、吳等人的書面檢討，熊這一級的幹部沒有看到。聽了熊的彙報，毛怒氣上升，手拍茶几高聲說，他們「封鎖盧山會議的情況」，「他們的檢討是假的。盧山的事還沒有完，還根本沒有解決。這個當中有鬼。他們還有後臺」。[18] 毛的話直指林彪，令在座的周恩來、熊向暉二人駭然。

同時，毛還瞭解到林彪的兒子林立果在空軍司令部的一些情況，例如，吳法憲肉麻地大捧林立果，說他是「超天才」。中央辦公廳一個機要秘書謝靜宜向毛報告說，林立果在空軍機關建立了一個專門為林家服務的別動隊。謝的丈夫是空軍司令部的一個軍官，消息從他而來。毛對林彪集團越來越不放心了。

按照原來的計畫，中共中央要在 1971 年國慶前後舉行三中全會，為召開第四屆全國人民代表大會作準備。三中全會要

18　熊蕾「毛澤東同熊向暉談盧山會議問題」，北京，《新觀察》1986 年
　　第 18 期。

涉及林彪的問題，毛打算怎樣處理林彪，現在已不得而知。現在只知道，為了召開三中全會，毛決定巡視南方，把他對林彪的意見告訴各地黨、政、軍領導人。8月16日，周恩來奉命帶領張春橋、紀登奎、黃永勝去北戴河，向林彪彙報工作，並告訴他，中央決定在國慶前後召開九屆三中全會。同日，毛乘坐他的專列，離開北京南下，陪同他的是中辦主任汪東興。

16日，毛抵達武漢，同武漢軍區政委劉豐談話。他當時還不知道，劉豐是林彪集團成員。次日，毛把河南的負責人劉建勳、王新召到武漢談話；25日把華國鋒從北京召到武漢談話；27日離武漢前再次同劉豐談話。當晚，毛抵達長沙，同湖南責人朴佔亞和華國鋒談話；28日和30日，同奉召到長沙的廣州軍區和廣東、廣西負責人劉興元、丁盛、韋國清談話；30日毛到達南昌，同江西省負責人程世清和奉命前來的福州軍區負責人韓先楚談話；9月1日，南京軍區負責人許世友奉命到達南昌，當天和次日，毛與程、韓、許談話；9月3日，毛抵杭州，同當地負責人南萍、熊應堂、陳勵耘談話，住一周。10日下午離杭州去上海，同上海負責人王洪文、王維國談話，毛尚不知道王維國是林彪集團成員。次日同王洪文、許世友談話。11日中午，毛的火車離滬北上，12日下午5時左右回到北京。

毛澤東談話內容範圍很廣，涉及中共歷史，對農民、資本家、民主黨派的政策，對青年的教育，個人崇拜等問題。他還討論和處理了福建與江西、上海與江蘇、浙江與南京關係中的一些問題，但最重要的是談林彪問題。

針對廬山會議的一場風波，毛提出，黨內生活應當遵循「三要」、「三不要」的原則，即「要搞馬克思主義，不要搞

修正主義;要團結,不要分裂;要光明正大,不要搞陰謀詭計。」他說,在盧山會議上,「他們搞突然襲擊,搞地下活動,為什麼不敢公開呢?可見心裡有鬼。五個常委瞞著三個,也瞞著政治局的大多數同志,除了那幾員大將以外。那些大將包括黃永勝、吳法憲、葉群、李作鵬、邱會作。」他們「是有組織、有計劃、有綱領的。綱領就是設國家主席,就是「天才」,就是反對九大路線,推翻九屆二中全會的三項議程。」他認為「有人急於想當國家主席,要分裂黨,急於奪權。」他說從與陳獨秀作鬥爭起,中共建黨以來共發生了十次路線鬥爭,與彭德懷的鬥爭是第八次路線鬥爭,與劉少奇的鬥爭是第九次,「這次盧山會議,又是兩個司令部的鬥爭。」「盧山這件事還沒有完,還沒有解決。他們要捂住」。毛第一次點了林彪的名,說林在會議上的講話沒有同他(毛)商量。對盧山會議發生的事,林當然要「負一些責任」。他批評林彪對他的奉承,如「一句頂一萬句」等等,「說過了頭」。他還批評林讓老婆當自己辦公室主任,控制一切,又批評吳法憲吹捧林立果,把二十幾歲的人捧為「超天才」。毛認為,林彪等人的「前途有兩個,一是可能改,一是可能不改。為首的,改也難」。他沒有透露在九屆三中全會上打算把林彪怎麼辦。毛指示,他的講話不得傳往北京。[19]

江西省委第一書記程世清向毛報告了有關林彪的一些情況,其中最重要的一點是,林立衡來江西時,曾對程的妻子說,要少同林家往來,因為「搞不好要殺頭的」。(人們知道,林立衡與她的母親葉群關係極壞。)除此而外,沒有人向毛反映有關林彪的情況。但是,毛離開杭州後,行動有些異常。他到

---

19 「毛澤東南巡考述」,第78頁。

上海，一般至少要住上幾天。這次，他 10 日下午到達上海，沒有下車。在車上過了一夜，次日午後就下令開車北上，而且一路不停，日夜兼程趕回北京。12 日中午，車抵北京豐台站。毛不進北京，卻先把北京軍區負責人李德生等召到火車上，談了南巡時所談有關林彪問題的那些話，然後令李德生調一個師到南口備用。[20]

現在回頭來談林彪方面的情況。

文化大革命之初，按照葉群的安排，林彪的女兒林立衡、兒子林立果都到空軍工作。為討好林彪，兩年後，吳法憲任命 24 歲的林立果為空軍司令部辦公室副主任兼作戰部副部長，25 歲的林立衡為空軍報副總編輯。經吳法憲批准，林立果在空司辦成立了一個「調研小組」，成員有：空司副參謀長兼空司辦主任王飛、空司辦副主任周宇馳、空軍黨委辦處長劉沛豐、空司辦副主任劉世英、空司辦副處長余新野、空司辦秘書程洪珍、空軍雷達兵部副處長許秀緒、空軍秘書處副處長李偉信等。它是空軍黨委的一個參謀機構。葉群與兒子林立果合作，攏絡了外地一批親信，如南京空軍政委江騰蛟、上海空四軍政委王維國、廣州空軍參謀長顧同舟等，在上海成立了一個教導隊，在廣州成立了一個「戰鬥小分隊」。三處合稱「聯合艦隊」。這是林立果看了日本電影《山本五十六》之後，給他的組織取的名字。為了加大林立果的權力，吳法憲又向空司辦的人員宣佈，空軍的一切都可以由林立果指揮，空軍的一切都可以由林立果調動。林立果可以為所欲為了。

1971 年春，「批陳整風」正在進行。林立果與周宇馳、余新野、李偉信等人於三月下旬到上海，討論黨內權力鬥爭的

---

20 「從廬山會議到九一三」。

形勢。他們認為，九屆二中全會以後，林彪集團雖然仍佔據優勢，但力量正在削弱，江青集團的力量則正在發展，張春橋代替林彪成為毛的接班人的可能性甚大。經過討論，他們認為，應當爭取「和平過度」（和平接班），但是也要做好「武裝起義」的準備。討論結果由余新野執筆，寫成一個稱為《五七一工程紀要》的計畫。

「五七一」三字取「武裝起義」的諧音。這個計畫只有一個手寫本，於「9・13事件」後，於林立果設在北京空軍學院的據點中獲得。「紀要」說，毛是一個借馬列主義之皮，行秦始皇之法的封建暴君，他要改換接班人。「紀要」認為，九屆二中全會以後，軍隊受壓，形勢朝著有利於筆桿子，不利於槍桿子的方向發展；與其束手被擒，不如破釜沉舟，軍事上先發制人，奪取權力。具體辦法有：或利用上層集會之機，一網打盡；或先斬斷毛的爪牙，然後逼毛就範；或利用特種手段如毒氣、轟炸、車禍、暗殺、綁架、城市遊擊小分隊等辦法，將毛殺害，或是同毛對抗，造成割據局面。[21] 這個計畫是一個手寫稿，文字粗糙，不像一個成熟的文件。

官方材料說，《五七一工程》製定後，3月31日晚到4月1日凌晨，林立果在上海召集江騰蛟、王維國、陳勵耘、余新野、周建平（南京空軍副司令員）等開了一次重要會議，討論執行這個計畫，並且實行了分工。根據1988年11月15日記者採訪陳勵耘的記錄，這次集會同官方正式文件所說的不同，這不是一次正式會議，更沒有談到《五七一工程》以及謀害毛的問題，而是漫無目標地談了許多事情。談到九屆二中全會時，林立果說，現在軍隊的日子不好過，黃總長他們的日子

21　《林彪事件真相》，第 61－62 頁。

也不好過，現在的鬥爭是爭奪接班人的鬥爭，將來主席百年之後，就是江青、張春橋這些人來接班。他又說，奪權有兩種形式，一是武裝形式，一是和平形式，我們採取的是和平形式。最後，林立果說，以後上海由王維國負責，南京由周建平負責，杭州由陳勵耘負責，江騰蛟負責抓總。負什麼責，陳勵耘自己也不知道。[22] 後來證實，陳確實沒有參加謀害毛的活動。

毛的南巡講話傳到林彪處，林彪集團開始緊張活動。雖然毛禁止把他的講話傳往北京，武漢軍區政委劉豐還是把毛的講話內容，詳細地告訴了李作鵬。李是陪同朝鮮軍事代表團於9月6日到達武漢的。李一聽大驚，當天就報告了黃永勝，黃立刻報告在北戴河的葉群。毛的講話也通過廣州的顧同舟、上海的王維國傳到北戴河林彪處。據現有的材料說，從6日到8日，林彪、葉群同在北戴河的林立果、周宇馳緊張密謀，結果是產生了林彪親筆手書的一道命令：

> 「盼照立果、宇馳同志傳達的命令辦。
> 林彪一九七一、九、八」

8日晚，林立果攜帶林的命令返回北京，在西郊空軍學院秘密據點，召集「聯合艦隊」的核心人物王飛、周宇馳、劉沛豐、劉世英、程洪珍、李偉信、陳倫和等人開會。林立果向他們出示了林彪的手令。這是迄今公佈的林彪一案中最重要的一件物證。官方材料說，當天晚上林立果等人決定，在南北兩邊一齊動手，南邊由江騰蛟負責，在毛尚未返回北京之前，在途中殺掉他。北邊由王飛負責，攻打北京的釣魚臺，除掉江青、張春橋。

22　許寅「訪原空五軍政委陳勵耘」，載《文化大革命風雲人物訪談錄》，北京，中國民族學院出版社，1993年，第412頁。

從 8 日晚到 11 日,林立果和「聯合艦隊」的核心成員共開會六次,商討殺害毛的具體辦法。諸如:在毛的火車離杭州後,用火焰噴射器攻擊毛的專列、用 40 火箭筒或 100 毫米高射炮平射毛的火車、用飛機轟炸毛的火車、在上海趁毛接見時由王維國用手槍殺害毛、當毛的專列經過碩放鐵路橋時用火藥炸斷橋樑等。但是,這些辦法都各有困難,不易實施。例如林彪集團親信、武漢軍區師政委關廣烈提出,調用火焰噴射連隊到現場有重重困難,難以實現;「聯合艦隊」核心成員之一的魯珉以種種理由,拒絕駕飛機去打毛的火車;王飛也提出,攻打釣魚臺,他的人手不夠,突然調部隊到北京,會引起注意等等。由於林立果等人認為,毛會在上海停留幾天,所以 11 日的討論沒有做出決定。[23] 然而,出人意外的是,毛沒有在上海停留,而是一路不停地兼程北上,12 日中午就抵達北京的豐台站。

9 月 8 日林立果、周宇馳離開北戴河後,葉群與林立果電話聯繫不斷,葉一再催促實施謀殺毛的計畫。11 日下午,林立果等獲悉毛已經離開上海,謀殺計畫已經落空,只得實行第二方案,即南逃廣州。他們決定,於 13 日把在北戴河的林彪、葉群,在北京的黃、吳、李、邱以及北京、上海兩地「聯合艦隊」的成員運到廣州。12 日,空軍副參謀長胡萍奉命提供六架飛機,供次日使用。南逃廣州一事,是林立果決定的還是林彪、葉群決定的,不得而知。特別法庭對黃、吳、李、邱幾員大將的審判證明,他們並不知道有一個謀殺毛的《五七一工程紀要》,也不知道有個南逃計畫。他們並未得到去廣州的通知。9 月 10 日,林彪有一封信給黃永勝,說很惦念你,希望

---

23 蕭思科:《超級審判》,山東,濟南出版社,1992 年第 525 頁。

他在任何情況下都保持樂觀，有事可以同王飛聯繫。這封信未能送到黃的手裡。為什麼要寫這封信，現在也不得而知。林立果 12 日晚外逃前，打電話通知北京的周宇馳說，林彪將立即北上。南逃計畫取消了。

對於林彪的外逃和因空難死於蒙古的溫都爾罕，海內外都有過懷疑。現在事過二十多年，「9‧13 事件」的主要當事人已經死亡，但是事件的參與者、目擊者和負責處理者仍大有人在。他們提供的材料證明，林彪逃亡，死於空難確是事實。在諸多有關這一事件的記述中，最有價值的是林彪的女兒林立衡、林立果的未婚妻張寧和負責林彪警衛工作的 8341 部隊大隊長姜作壽所提供的材料。林立衡在這個事件中，起了特別重要的作用。

林彪、葉群於 6 月 15 日由北京去北戴河，隨行參謀、警衛、醫療、生活、供給人員共 160 餘人。林立衡和她的未婚夫張清霖，張寧留在北京，9 月 7 日才到北戴河。9 月 12 日晚 7 點多，林彪警衛秘書李文甫通知姜作壽，派車去山海關機場接自北京返回的林立果。張寧則被告知，當晚葉群安排林立衡與張清霖訂婚，並在林彪居住的 96 樓放兩部香港電影，以示慶祝。10 時許，姜發現 96 樓一反往常，燈火通明。他聽說，今晚林立衡訂婚，樓內正放電影慶祝。張寧觀看電影時發現，看電影的全是工作人員，林彪、葉群和林立果三人均在室內談話，林立衡則出出進進，緊張地設法打聽他們談話的內容。[24]住 58 樓的姜作壽則發現，林彪的座車和葉群的座車均停在 96 樓前，司機在車上待命，有隨時出動的可能。這是反常的，姜

24　張寧「扭曲的虹──張寧自述」，載《文化大革命風雲人物訪談錄》，第 228 − 231 頁。

開始感到緊張，因為按規定，林彪無論去任何地方，事先都要通知他，以便他的警衛部隊能隨行保衛，現在他既未接到任何通知，手頭也無車可用，因為他的車被林彪的警衛秘書李文普調走了。姜打電話向李文甫詢問林彪行動，並且索還汽車，李既不提供消息，也不歸還汽車。[25]

10點多鐘，林立衡突然來到二大隊所在的58樓，向姜作壽、張宏（中央警衛團副團長）報告，葉群、林立果欺騙林彪，要帶著林彪逃走，並說他們要先到廣州，然後再去香港。姜、張認為，林立衡所言簡直不可思議，但是仍然立刻打電話，向中央辦公廳副主任、中央警衛團團長張耀祠報告。林立衡要求藏在58樓，不同葉群等人逃走，姜表示同意。姜召集中隊長、區隊長約十餘人開會，說林彪要被劫持，他們決定中隊全體警衛全副武裝，集合待命；余副大隊長帶領六名戰士、一名幹部乘他們當時所有的唯一一輛汽車去機場，控制飛機，不許起飛；林彪若走，由姜大隊長帶領五名戰士、一名幹部強行登機隨衛。林立衡曾向姜建議，或用卡車、或砍倒樹木、或調集戰士，堵住公路。請示北京，未得同意，得到的指示是：林副主席要走，你們就跟上去，並且勸阻他不要上飛機。

11點半以後，姜接到林彪內勤戰士小陳電話，說林彪等人已乘他的那輛車子走了。姜大隊長和蕭中隊長均跑出58樓攔車，未能攔住。不久，他們聽見煞車聲、槍聲、開車聲，原來是警衛秘書李文甫要求下車後，被車上人開槍打傷，李向汽車開了槍。蕭也開了槍。此時，姜所借的卡車開到，他立即帶領三十名戰士奔赴機場。由於林彪的車性能好，超過了余副大

---

25 「衛隊長記憶中的九一三前夜」，《中華兒女》雙月刊，北京，1994年，第 5 期，第 31 頁。

隊長的車，余、姜帶領戰士抵達機場時，飛機已經起飛了。[26]

9月12日晚上，北戴河手忙腳亂之際，周恩來正在人民大會堂福建廳，主持會議討論將要向四屆人大所作的《政府工作報告》（草稿）。當時在場的李德生和紀登奎後來均撰文和接受採訪，談到他們參與處理《9·13事件》的情況。11時左右，中央辦公廳主任汪東興打來電話，向周報告林立衡提供的情況。周立刻向吳法憲查問，當晚是否有飛機去到山海關機場，吳報告說，中國當時僅有的三架三叉戟飛機之一256號專機已在該機場，周命令該機馬上飛回北京，機上不許帶任何人。葉群很快知道周恩來在查問山海關機場的飛機，她在十一點二十二分打電話給周，說林彪想「動一動」。周問，打算乘火車動還是乘飛機動，葉說，乘飛機。周問，是否已調了飛機，葉說沒有。

由於周已知265號專機停在山海關機場，他下令，這架飛機必須有周恩來、黃永勝、吳法憲、李作鵬四人聯名的命令才能起飛。13日零點32分，北戴河警衛部隊報告，林彪飛機已強行起飛。周用電話向毛澤東報告，然後命令：李德生到空軍司令部坐鎮指揮；紀登奎到北京軍區司令部指揮；派親信楊德中隨同吳法憲去西郊機場掌握情況；關閉全國機場；所有飛機停飛；開動全部雷達，監視天空。李德生到空司指揮部後，從雷達螢幕上清楚看到，飛機正向北移動。此時，周命令調度員向256號飛機駕駛員潘景寅喊話，希望他們飛回來，周恩來將親自去機場迎接。飛機沒有回答。李不斷將飛機航向報告周恩來，並請示處理辦法。周帶領紀登奎去毛澤東處請示，是否將飛機打下來。毛沉吟片刻，說道「不能打。天要下雨，娘要

26　同上，第32－36頁。

嫁人，由他去吧。」[27] 飛機於 1 點 55 分飛臨中蒙邊境上空，逐漸從空司雷達螢光屏上消失。2 點 30 分在蒙古的溫都爾罕墜毀。機上九人全部喪生，他們是林彪、葉群、林立果、劉沛豐、潘景寅、楊振綱（林彪的汽車司機）、邵起良（專機特設機械師）、張延奎（機械師）、李平（空勤機械師）。

雖然周恩來發佈了「禁空令」，仍有一架直昇機凌晨三點十五分從北京的沙河機場起飛。毛命令迫降或將它擊落。李德生命令北空起飛八架殲擊機，使直昇機於早上六點四十七分降落在懷柔縣。機上是「聯合艦隊」重要成員周宇馳、余新野、李偉信。降落後，周、余自殺，李偉信被抓住。

1994 年 1 月 31 日，《美國新聞與世界報導》刊載了彼得・漢娜姆的調查報告，證實林彪確實在 9 月 13 日空難中喪生。

林彪事件涉及數千人，其中軍級以上幹部數百人。以下人員是 1981 年被軍事法庭判處徒刑的、林彪集團的核心人物。受黨紀、軍紀處份的有多少人不詳。

姓名	職務	徒刑年限
黃永勝	總參謀長	十八
吳法憲	空軍司令員	十七
李作鵬	海軍政委	十七
邱會作	總後主任	十六
江騰蛟	南空政委	十八

---

27 王書靈「紀登奎與我的一次談話」，《文化大革命風雲人物訪談錄》，第 78 頁。

李偉信	空五軍副處長	十五
劉世英	空司辦副主任	十二
程洪珍	空司辦秘書	十一
賀德全	空軍情報部長	十二
魯　珉	空軍作戰部長	十
陳伯羽	廣州空司管理處長	四
王永奎	空軍情報部副處長	十一
鄭興和	空軍軍務部副處長	十一
陳倫和	空司辦秘書	五
許秀緒	空軍雷達兵部副處長	八
朱鐵諍	空司辦處長	五
王　琢	空司管理局副處長	三
陳璽南	京空軍副處長	五
關廣烈	武漢軍區師政委	十
王　飛	空軍參謀長	神經失常
顧同舟	廣州軍區空軍參謀長	十一
胡　萍	空軍副參謀長	十一
王維國	空四軍政委	十七

　　被關押審查多年，最後免於起訴的有空五軍政委陳勵耘、空十二軍軍長解耀宗、廣州軍區空軍司令員王璞、海軍上海基地副政委薛安祥等一大批人。[28]

28　《超級審判》，第 682 － 700 頁。

「9・13事件」早已過去了，但它卻留下了許多難解之謎。林彪是中共諸多將領中最為傑出的戰將，素以善於思索，計畫周密，知人善任，擅長奇襲著稱。文化大革命當中，他上升到僅次於毛的高位。他雖然不能控制全軍，但是，海、空軍和解放軍的三大總部的領導崗位都在他的親信手裡。他擁有遠遠超過江青集團的實力。根據現有的材料，很難解釋他在同毛的這次較量中，何以表現得如此拙劣，簡直是一觸即潰，身敗名裂。在這場生死搏鬥中，他居然會全權委託他二十多歲的兒子林立果去策劃一切！林立果制訂的所謂《五七一工程紀要》，林彪究竟知道多少？9月8日他所下達的命令究竟是什麼意思？他的第二套計畫據說是到廣州去實行割據，同毛對抗，這到底有大實際意義？如果他確實有此準備，事前為什麼一點風聲也不向黃、吳、李、邱幾員大將透露？

毛南巡途中，林並沒有什麼把柄落在毛手裡，為什麼毛一回到北京，他就決策逃跑？9月12日大部份時間林彪住處並沒有危機氣氛，葉群還安排了林立衡當天訂婚。危機發生在林立果傍晚從北京回來之後。在整個事件中，可以看到許多別的人在活動，但卻很少看到主角林彪的活動。

林立衡認為，林彪始終被葉群和林立果蒙在鼓裡，不清楚他們母子二人的活動，他們造成了既成事實，最後又驚惶失措，挾持林彪登機外逃。這個說法為「9・13事件」提供了另一種解釋。1972年8月周恩來偕同李德生、紀登奎、汪東興等人接見林立衡，嚴厲批評了她持這種看法。周說「他是副統帥，別人怎麼命令他？」[29]

29　蕭蕭「林彪女兒大膽披露父親出走詳情」，載香港《鏡報月刊》，1988年第6期。

　　總之，「9‧13事件」是一個神秘的事件，許多情節尚不清楚。也許有一天真相大白之後，事實與我們今天所知相去甚遠吧。

第九章 退潮

　　林彪事件極大地震動了全中國，人們看到，據說是具有超人智慧的毛澤東，竟然重用了一個偽君子、陰謀家、野心家。雖然還沒有人敢公開對毛有所非議，但是舊日的神話開始破滅了。毛澤東本人也受到了極大震動。多年來他寵信的人竟然徹底背叛了他！這個打擊非同小可。七十八歲的毛終於病倒了，1971 年冬，他突然昏倒，經過搶救才度過危機。他的秘書張玉鳳和醫生張志綏後來都說，自此以後，他的身體狀況就每況愈下，再也沒有恢復過來。

　　林彪事件的發生導致毛在政治上的某些鬆動。「9‧13 事件」以後不到一個月，毛同中央軍委成員談話，批評了林彪所宣導的「政治掛帥」、「突出政治」、「政治可以

衝擊一切」等一套極「左」的方針。11月14日，他接見參加
成都地區座談會的成員時，說不要再講什麼「二月逆流」了，
那是葉劍英等人對付林彪、陳伯達、王、關、戚的，從而使葉
劍英、譚震林、陳毅等人得到解放。1972年1月10日，大病
初愈的毛澤東參加了陳毅的追悼會，並在同陳毅遺孀張茜的談
話中，透露了他對鄧小平的原宥之意。[1] 當時，「清理階級隊
伍」的運動已經進行了兩、三年，抓「五・一六」的鬥爭已
如強弩之末。「9・13事件」發生以後，橫掃全社會的「清理
階級隊伍」運動收場，全國開始了「批林整風」運動。

極左？還是極右？

「批林整風」運動包括兩個內容。一個內容是清查林彪
集團的黨羽，重點是空軍海軍，解放軍三大總部，各大軍區中，
武漢、南京、廣州軍區是重點。清查工作主要是軍內的事情，
但是非軍事部門也要清查，看看林彪集團是否插手。另一個內
容是「批林」，就是大家都來批判林彪。文化大革命中，林彪
被捧到天上。特別是中共九大前夕，有一個關於林彪的學習運
動。林彪的老部下、當時任福州軍區政委的周赤萍寫了《解放
戰爭時期的林彪同志》一文，大家以研讀這篇文章為主，在學
習中「大歌大頌林副主席的豐功偉績」，為把他的名字寫進黨
章做準備。

現在開展「大批判」來清除林彪的影響。批判的東西，
一是他企圖陰謀殺害毛澤東的罪行，就是中央下發的三份林
彪集團罪行材料中的那些東西。二是批判他主持軍委工作以來

1 　中央黨校編：《文化大革命中的周恩來》，北京，中共中央黨校出版社，
　　1991年，第32頁。

的一系列創造，諸如「突出政治」、「四個第一」、「三八作風」、「四好連隊」、「五好戰士」等等。三是批判他對毛澤東的一系列阿諛奉承之詞和他鼓吹的「活學活用毛澤東思想」的一整套辦法。四是批判他在戰爭時期的一些東西，如他很早以前所寫的「六個戰術原則」的文章，東北戰爭期間，他與毛澤東在先打長春還是先打錦州等問題上的分歧等。這樣批了半年左右，就沒有什麼可供批判的了。這時，周恩來指出，「批林」應當批判仍在流行的極「左」思潮，林彪就是煽動這種思潮的罪魁禍首。

周恩來是一個具有特殊才能的人物。毛澤東是一個擁有無上權威而又反覆無常的帝王。周充當毛的宰相達二十六年而不輟，實在是靠了他的一片忠心和非凡的適應能力。周對文化大革命毫無思想準備，他是以緊跟毛澤東的信念和「我不入地獄，誰入地獄」的決心投入這場運動的。憑心而論，他並不喜歡毛的那一套「左」的東西，但是行動上他卻能夠做到亦步亦趨。中央文革的新貴們很不喜歡他那種左右逢源，面面俱到的做法，運動中曾掀起一次又一次的反周浪潮，但是毛需要他來維持國家機器的運轉，所以他能夠得到毛的保護而化險為夷。文化大革命初期，他被夾在林、江兩個集團之間，處境比較困難。現在林彪集團倒了。他輔佐毛澤東處理「9·13事件」有功，毛令他主持中央的工作，他的地位大有改善。根據當時形勢，他認為要深入一步批林，就要批判極「左」，以恢復被破壞了的秩序。從1971年底到次年上半年，他執行這個方針，採取措施，整頓企業，強調提高產品質量，改正企業無人負責，無章可循的混亂局面。他召開北方農業會議，糾正某些過「左」的農村經濟政策。當時大批高幹有的在監獄、有的靠邊站、有

的在「五七幹校」勞動改造。1972 年 4 月，第八機械工業部部長陳正人、內務部部長曾山因受審查，無處投醫死亡，周恩來抓住這個機會，命令衛生部對五百名副部長以上幹部作體格檢查，其中有些人是從幹校召回的，這批幹部從而得到安置和「解放」。7 月，周根據楊振寧教授的建議，指示北大副校長周培源要認真清理教育科研工作的極「左」思想。8 月初，外交部召開使節會議，周兩次發表講話，認為「各單位的極左思潮都是林彪放縱起來的……就是空洞、極端、形式主義、空喊無產階級政治掛帥」。要求要把極「左」思潮批深批透。

根據周的指示，周培源 10 月 6 日在報上發表文章，批評廢棄基礎理論研究的極「左」思想。在周恩來講話的鼓舞下，《人民日報》副主編王若水於 10 月 14 日用一個整版的篇幅發表了三篇反「左」的文章。批判極「左」的運動一時之間在各方面開展起來。

周恩來反「左」引起了江青、張春橋等人的不滿。文化大革命的主要特點就是極「左」，批極「左」必然導致否定文化大革命。聰明的周恩來當時似乎沒有充份意識到這一點。張春橋、姚文元看到周培源的文章後，認為方向不對並指出，不管周培源來頭多大，都要追查、反擊。他們並授意上海《文匯報》在內部刊物《文匯情況》上連續兩期發表文章，批駁《人民日報》的文章。11 月 28 日，中聯部、外交部就召開外事會議，聯合寫報告給周恩來，提出會議要徹底批判無政府主義和極「左」思潮。周批示同意。張春橋對這份報告的批示與周不同。他寫道「當前的主要問題是否仍然是極左思潮？批林是否就是批極左和無政府主義？我正在考慮。」江青批道「我個人認為應批林彪賣國賊的極右，同時批他在某些問題上形左實

右。」由於領導思想不一致，《人民日報》的王若水感到宣傳工作無所遵循，於是直接寫信給毛澤東請示。王在信中認為，林彪不是右傾機會主義，而是極「左」。林彪究竟是右還是「左」？周恩來與江、張、姚發生了分歧。反「左」還是反右，牽涉到鬥爭的大方向，只有毛澤東才能決定。12 月 17 日，毛接見張、姚，作了最後的裁決。他說「批極左，還是批右？有人寫信給我。此人叫王若水。我認識此人，不很高明。」「王若水那封信我看不對。是極左？是極右！修正主義、分裂、陰謀詭計、叛黨叛國。」「極左思潮少批一點吧。」[2]

毛澤東表態了，批林應當批極右。周恩來趕緊退卻。12 月 19 日晚，他與江青、張春橋、姚文元接見王若水等人民日報負責人，傳達毛的指示。周一改他反「左」的立場，說王若水在給毛的信中提到他八月初關於批極「左」的發言，他說，那是就外交政策而言，不是講林彪的整個路線；說林彪是「左」，原則上是錯誤的；《人民日報》批無政府主義的文章是錯誤的；說批林就是批極「左」思潮，這就批錯了，批到群眾頭上了。[3]

周恩來雖然趕緊轉彎，江青等人卻沒有輕易放過他。針對周的批極「左」，江青集團首先在他們控制下的人民日報發動了一場「反擊右傾回潮」的運動，接著又在清華大學進行了三個月的反右傾回潮，全校有 64 人被立案審查和重點批判，403 人被批判。他們又抓了一系列「右傾回潮」的案例，在全國報刊上大張旗鼓地進行批判，例如北京一個小學生在日記中寫了她對老師的某些意見，這個日記被報紙登載，用以證明封

2　王若水「從批「左」倒向批右」，香港，明報月刊，1989 年 3 月。
3　同上

建主義的「師道尊嚴」的流毒依然存在。河南唐河縣馬振夫中學一個女學生因為沒有答完英語考卷，受到批評而自殺身亡，江青集團借此大做文章，說這是「修正主義教育路線進行復辟的嚴重惡果。」他們批判歌頌農村基層幹部的晉劇《三上桃峰》，說它是為王光美翻案；又大肆批判讚美幼兒教師的湘劇《園丁之歌》，說它歌頌修正主義教育路線等。周恩來則偃旗息鼓，一聲不吭。

中共十大

1973 年 8 月，中共第十次全國代表大會在北京舉行，距離上次代表大會的時間四年。黨的副主席、黨章規定的毛的接班人林彪成為「野心家、陰謀家、兩面派」，死掉了；一些政治局委員和中央委員垮臺了；為了改組黨的領導機構，修改黨章，確定新的接班人，必須召開全國代表大會。

這次代表大會由周恩來作政治報告，主題是粉碎林彪反黨集團。對中共來說，這不是什麼光彩的事情，所以十大的氣勢遠不及九大。周的報告批判了林彪，談了國際形勢，談到國內情況卻是乏善可陳，只有寥寥數語：我國的工農業、運輸、財貿情況很好，我國既無內債又無外債，物價穩定，市場繁榮。大會選出了新的中央委員會，除此而外，這次大會至少有兩點情況值得注意：一是王洪文出人意外地被毛選定為接班人，二是在大會上提出了「反潮流」的問題。

王洪文時年 41 歲，1932 年生於長春市郊一個農民家庭。他當過幾年兵。文化大革命開始時是上海國棉十七廠保衛科幹事，後來成為上海工人造反組織《工總司》的負責人。在上海

革委會任副主任，九大當選中央委員。毛認為，王年富力強，集工農兵於一身，又是造反、奪權的帶頭人，於是把他調到北京，作為自己的接班人。

周恩來在他的政治報告中傳達了毛的指示「反潮流是馬克思列寧主義的一個原則」，並說，當一種錯誤傾向像潮水般湧來的時候，要不怕孤立，敢於挺身而出。反什麼潮流？反當時所謂的「右傾回潮」，也就是對文化大革命的懷疑和不滿。文化大革命已經進行了七、八年，人們已經失望了，厭倦了，疲憊了。這種情緒以各種方式流露出來，被毛察覺到了，於是他又危言聳聽地把它說成是一股洶湧而來的錯誤潮流。

林彪死後，周恩來名列第二，他比毛小六歲，對毛絕對忠誠。但是毛從來沒有考慮過讓周當他的接班人。當時人們曾一度看好張春橋，但是，毛澤東的決定往往出人意料，他令人驚訝地選擇了王洪文。

大會選出 195 名中央委員和 124 名候補中央委員。大批老幹部和江青集團的追隨者被選入中央委員會，林彪集團成員完全被清除出去。新的領導機構的組成是：

主席　　　　　毛澤東
副主席　　　　周恩來　王洪文　康生　葉劍英　李德生
政治局常委　毛澤東　王洪文　葉劍英　朱德　李德生
　　　　　　　張春橋　周恩來　康生　董必武
政治局委員　毛澤東　王洪文　韋國清　葉劍英　劉伯承
　　　　　　　江青　朱德　許世友　華國鋒　紀登奎　　吳德
　　　　　　　汪東興　陳永貴　陳錫聯　李先念　李德生

張春橋　周恩來　姚文元　康生　董必武 [4]

中共黨內三足鼎立的格局被以江青為代表的「文革派」同以周恩來為代表的老幹部之間的對立所取代。這兩派之間，還有一些文化大革命中新提拔上來的人物，如華國鋒、紀登奎、汪東興、陳永貴等。毛澤東不願同他的妻子江青在政治局常委中共事，所以江未能成為常委，但這並不妨礙她成為激進派的首領。她同張春橋、王洪文、姚文元一起在政治局內組成毛所謂的「四人幫」。

「批林批孔」

1973 年的中國，呈現一片灰暗的色調。疾風暴雨似的「清理階級隊伍」運動過去了，一批人被處決，一批人被關進監獄，一批人作為無產階級專政的對象，管制起來，更多的人經過種種折磨，總算闖過了難關，好像做了一場噩夢。隨著「清隊」的結束，各地的「五七幹校」開始撤銷。下放幹部和下鄉城市居民開始返回城市，但是大批的知識青年仍然留滯農村。對於文化大革命，對於所謂的革命的新生事物，諸如老、中、青三結合的革命委員會、工農兵上大學管大學、知識青年上山下鄉、幹部下放勞動、赤腳醫生、革命樣板戲等等，人們只敢說好，不敢說壞。毛澤東開始為人們對文化大革命的這種口是心非的態度感到憂慮。他認為，只拿幾個事件當做「右傾回潮」來批判一下，解決不了人們對文化大革命的態度問題。要從根本上解決這個問題，就必須從思想上挖掉復辟、回潮的老根。

正當毛在為了如何捍衛他的文化大革命的問題操心之時，

4　《中國共產黨歷史大事記》，第 314 頁。

他得悉在清理北京毛家灣林彪的住處時，搜出一些林彪手抄的孔子語錄，如「悠悠萬事，唯此為大」、「克己復禮」和林在筆記本上留下一些孔孟之道的字句。毛認為有了辦法了，他把林彪同孔子聯繫起來了。在他看來，林彪是極右，而極右是代表倒退，代表復辟的。儒家思想的特點正是守舊、是倒退、是復辟。

　　他在 1973 年春寫了一首批評郭沫若尊孔的詩「郭老從柳退，不及柳宗元；名曰共產黨，崇拜孔二先。」7 月 4 日，毛與張春橋、王洪文談話，談到郭沫若的《十批判書》時說「郭老不僅是尊孔，而且是反法。尊孔反法，國民黨也是一樣啊！林彪也是啊！」又說「歷代有作為的政治家都是法家，法家主張中央集權、郡縣制，在歷史上一般說是前進的，是厚今薄古的。而儒家呢？它滿口仁義道德，一肚子男盜女娼，它是厚古薄今的，開倒車的。」9 月 23 日，他接見埃及副總統沙菲，談了秦始皇「秦始皇是中國封建社會第一個有名的皇帝，我也是秦始皇。中國歷來分兩派，一派講秦始皇好，一派講秦始皇壞。我贊成秦始皇，不贊成孔夫子。」[5]

　　於是，「批林」同「批孔」聯繫了起來，尊尚法家，反對儒家，是為了堅持進步，反對倒退，是為了維護文化大革命。8 月 7 日，《人民日報》發表廣東中山大學教授楊榮國的文章《孔子——頑固地維護奴隸制的思想家》，揭開了公開批孔的序幕。控制著文教事業的江青集團在北京和上海組織寫作班子，連連發表批判儒家，尊崇法家的專題文章，大造輿論。1974 年元旦，《人民日報》、《紅旗》雜誌、《解放軍報》聯合發表社論，指出「國內外一小撮階級敵人攻擊無產階級文

5　《中國政局備忘錄》，第 39 頁。

化大革命，正說明這場革命是完全必要的，是非常及時的。」社論要求「繼續開展對尊孔反法思想的批判」，因為「中外反動派和歷次機會主義路線的頭子都是尊孔的」。

　　1月24和25兩日，江青主持召開在京部隊、中直機關、國家機關萬人大會，動員「批林批孔」。一場全國性的「批林批孔」運動全面展開了。2月20日，《人民日報》發表社論說，要「集中批判林彪效法孔老二「克己復禮」，妄圖復辟資本主義的罪行。」「要聯繫現實的階級鬥爭和路線鬥爭，堅持革命，反對倒退，正確對待無產階級文化大革命，滿腔熱誠地支持社會主義的新生事物。」江青給國務院的文化組、外交部、四機部、中國科學院、中聯部、空軍、海軍、防化兵部隊等單位寫信，送關於「批林批孔」的材料。一時之間，尊法反儒的文章、大字報鋪天蓋地而來。人們按照法家代表進步，儒家代表倒退的公式來重讀歷史，改寫歷史。尊孔的郭沫若倒楣了，在萬人大會上，他不得不在江青點名之下一再地站起來謝罪；哲學家馮友蘭嚇壞了，主動寫文章批孔。只有梁漱溟一個人不屈不撓，這位不懼權威、當面頂撞過毛澤東的學者，在政協的批判會上公然強調孔子在中國歷史上的重要地位，並且宣佈「我的態度是不批孔，但批林」。[6]

　　就毛來說，開展「批林批孔」運動是為了端正各級幹部、特別是高級幹部對文化大革命的態度，是要他們「正確對待群眾」，「正確對待自己」，「正確對待文化大革命」是告訴他們，要老老實實，不要鬧翻案。對於周恩來的借批林之機大肆批判極「左」，毛是不滿意的。1972年，中美關係發生重大變化，周代表中方同尼克森會談，成為世界舞臺上的重要角色。其

6　梁漱溟：《我的努力與反省》，廣西，灕江出版社，1987年，第459頁。

實，毛才是中美關係真正的決策者，他認為周掠人之美，心裡很不高興。他對周的不滿之意終於表現出來了。1973 年 7 月 4 日，毛批評周主管的外交部「大事不討論，小事天天送。此調不改動，勢必搞修正」，這是在批評周恩來，但還比較委婉。11 月，周與基辛格作第二次會談，毛對周直截了當地進行批評了。他指出，會談中周在臺灣問題上的說法不對，毛說，「講臺灣問題有兩種可能，是錯的，要打。在陝北，連那個小土圍子，不打，它就不投降。」毛指示政治局開會批評周恩來，外交部的有關人員列席參加。在會上，江青猛烈抨擊周，說與周的鬥爭是第十一次路線鬥爭，又指周「迫不及待」，企圖奪權。外交部長喬冠華是周多年來重用的下屬，也在政治局會議上發言批周。喬的妻子章含之後來寫道，會後喬深感不安，後來終於找到一個機會，向周道歉並請他原諒。周大度地說，「那怎麼能怪你呢？那是總的形勢，大家都講了嘛。」[7]

　　毛只是要警告一下周恩來，並不要打倒他。但是對江青集團來說，「批林批孔」給他們提供了一個打擊周恩來，打擊那一批對文化大革命心懷不滿的「老家夥」們的極好機會。他們把「批孔」的矛頭指向周恩來，「批林批孔」成了「批林批孔批周公」了。他們批周公旦，批呂不韋，批「宰相儒」，批「中庸之道」、「折中主義」，說周恩來的恢復舊規章制度和讓老幹部複職就是孔老夫子的「興滅國、繼絕世、舉逸民」，就是「倒退」、「復辟」。江青不滿足於批判歷史上的儒，她要求人們寫文章批「現代的儒」。她說「現在的文章很少提到現代的儒，除了林彪、陳伯達以外……難道現在沒有儒了嗎？

7　章含之：《我與喬冠華》，北京，中國青年出版社，1994 年，第 88 頁。

沒有，為什麼反孔老二？」「現在有沒有儒？有很大的儒。」[8]

　　江青集團集中了一大批文人來重寫歷史。商鞅、荀況、韓非、王充、柳宗元、李贄、王夫之等歸入法家陣營而被捧上了天；孔子、孟子、董仲舒、韓愈、程顥、程頤、朱熹、王守仁等作為儒家代表而打入地獄。這是文化大革命以來周恩來最困難的時刻，他很清楚這場運動的矛頭所向，毛無意打倒他，但有意讓他受些煎熬。江青集團則隨時準備搞掉他，只要毛點頭。這時外交部內的親周勢力和親江勢力鬥爭也十分激烈。周的癌症發展了，1974 年 6 月他住進了醫院，在那裡度過了他一生的最後一年半。

　　評法批儒的文章寫得不少，但是，這場運動只是徒有其表，它看似轟轟烈烈，實際上除了寫文章的人外，人們都漠不關心，敷衍塞責。文化大革命已經八年，人們已經疲憊不堪了。違背事實，硬把數千年的中國史簡單化為一部儒法鬥爭史，也使人們接受不了。儘管毛澤東的權威依舊，但是他的形像已開始失去昔日的光輝。他發動的「批林批孔」運動，拖拖拉拉進行了大約一年，就無聲無息地結束了。

我们都是小闯将
——批林批孔儿歌专辑

人民文学出版社

8　《大動亂的年代》，第 496 頁。

第十章 最後的鬥爭

文化大革命中，毛澤東乾綱獨斷，中國的政治以他為軸心而運轉。但是，七十年代中期的毛澤東，已經不是六十年代中期那個躊躇滿志，精力充沛的毛澤東了。1973年，他度過了80歲的生日，老了，受到多種疾病的折磨，他的革命激情消退了。文化大革命的發展並不如他所期望，全國的經濟情況更是每況愈下，在發動「批林批孔」運動來捍衛他的文化大革命的同時，不能不為國民經濟的狀況擔憂。因為，人總是要吃飯的。「大躍進」搞壞了以後，他曾經說過「國亂思良將，家貧思賢妻」。現在，讓誰來搞經濟呢？周恩來已經得了癌症。江青、張春橋、王洪文、姚文元之輩，衝鋒陷陣，搞文化大革命是可以的，搞經濟則不行。六十年代初期，他曾經起用陳雲於危難之際，現在，他決定起用鄧小平。於是，作為「黨內另一個

最大的走資本主義道路的當權派」被打倒的鄧小平，又重新登上了歷史舞臺。隨著鄧小平的復出，黨內新、老兩派的衝突加劇，文化大革命中最後一場權力之爭激烈地展開了。

文革中的經濟

中共建國後，於 1953 年開始執行第一個五年計劃（1953-1957），提高了國家的工業化水準。第二個五年計劃（1958-1962）被「大躍進」衝掉了。在制定第三個五年計劃（1966-1970）時，周恩來汲取「大躍進」的教訓，提出這樣一些指導方針：經濟建設要注意農業、輕工業、重工業的先後順序，要注重解決全國人民的吃、穿、用問題，要注意經濟各部門之間的綜合平衡。但是，隨著越南戰爭的不斷升級，毛澤東於 1964 年做出了立足於戰爭，準備早打，準備大打的決策，國防建設成為第三個五年計劃的中心。三線建設又是國防建設的重點。[1] 周恩來提出的那些方針落空了。所謂三線是按地理區域劃分的國防縱深：沿海地區為一線，中部地區為二線，雲、貴、川和湘西、鄂西地區為三線。

文化大革命的第一年（1966 年），雖然有紅衛兵的大串聯造成交通運輸堵塞，物資積壓，但是因為發生的時間較晚，對全年經濟發展影響不大。1967 年和 1968 年是最混亂的兩年，國民經濟急劇惡化，生產連續兩年大幅度下降。1969 年全國各地武鬥已經停止，經濟才沒有繼續惡化下去。1970 年工農業生產有所恢復。但是，生產的上昇，特別是工業生產的增加，並非由於經濟的健康發展，而是因為基本建設規模急劇擴大。

---

1 《中國共產黨歷史大事記》，第 270 頁。

因為，繼 1965 年的第一個三線建設高潮後，1969 年中蘇邊境發生衝突，毛澤東過分估計了中蘇戰爭的危險性，以為兩國之間難免一戰。根據他的指示，1970 年掀起了三線建設的第二個高潮，規定要按照「靠山，分散，隱蔽」的原則，把重要的軍工企業遷移到西南山區或是建設在這一地區。

1971-1975 年是第四個五年計劃時期。這一時期建設的指導方針是「以階級鬥爭為綱，狠抓備戰，促進國民經濟的新飛躍」，中心是加緊三線建設。執行的結果是新項目大量上馬，基本建設規模猛烈擴大，積累率不斷上升，企業職工人數和工資總額猛增，通貨膨脹加劇，人民生活水準不斷下降。1974 年的「批林批孔」運動中，局勢再度發生動盪，生產下降，交通堵塞，財政赤字劇增，人民生活更加困難，城市居民各種生活必需品無不憑票供應，例如，每人每月食油二兩，豬肉半斤，白糖二兩，香煙五盒，棉布九尺（每年）⋯⋯等。文化大革命把人民革得越來越窮，以致毛 1974 年 11 月發出指示，要求「把國民經濟搞上去」。[2]

鄧小平復出

鄧小平在文化大革命初期被打倒後，被隔離於中南海院內，因而免遭群眾衝擊；但 1967 年夏季大動亂的高潮中，他同劉少奇、陶鑄一起，同時被中南海內的工作人員分別批鬥。1969 年 10 月北京戰備疏散時，他和他的妻子、繼母一起被送到江西省新建縣望城崗，在該縣的拖拉機製造廠從事每日半天的監督勞動，是時他六十五歲。

2　柳隨年、吳敢群：《文化大革命時期的國民經籍》，哈爾濱，黑龍江人民出版社，1986 年，第 79,80 頁。

　　林彪事件後，毛澤東對老幹部開始採取寬鬆的態度。1972 年 1 月，毛澤東出人意外地參加陳毅的追悼會，在談話中提到鄧小平，說他的問題屬於人民內部矛盾，首次表現了對鄧的鬆動。同年 5 月，周恩來在體格檢查中，查出患有膀胱癌。毛不得不考慮周的繼任人問題。8 月 3 日，鄧寫信給毛澤東，承認在文化大革命中犯了嚴重錯誤，表示願接受教訓，永不翻案。這封信來得正是時候。毛在信上批道「鄧小平同志所犯錯誤是嚴重的，但應與劉少奇加以區別」，並列舉了鄧在歷史上的功績。周恩來立即在 8 月 15 日的政治局會議上傳達了毛的批示，並以中央名義通知江西省委，宣佈鄧解除監督勞動，恢復黨組織生活。12 月 18 日，周又根據毛的指示，寫信給紀登奎、汪東興，讓他們考慮鄧小平出來工作的問題。接著，周將他們三人商定的意見報告毛澤東，得到毛的批准。1973 年 2 月，鄧按中共中央通知返回北京。3 月 10 日，中共中央發出《關於恢復鄧小平同志的黨的組織生活和國務院副總理的職務的決定》。[3] 開始，鄧的主要任務是協助周恩來主管外事。1973 年 8 月中共舉行十大，鄧和其他一些被打倒的人如王稼祥、譚震林、廖承志、烏蘭夫、李井泉等重新進入中央委員會。周恩來病情加重，毛澤東進一步提拔鄧小平。12 月 12 日，毛召開政治局會議，根據他的意見，決定鄧為政治局委員，並讓他出任中共中央軍事委員會委員、中國人民解放軍總參謀長，協助葉劍英主管軍隊事務。不斷增加鄧的權力和責任。

　　1974 年 3 月，鄧在政治局會議上被提名參加聯合國第六屆特別大會，江青表示反對。最終毛出面，問題才得以解決。

3　《文化大革命中的周恩來》，北京，中共中央黨校出版社，1991 年，第 32 頁。

毛 3 月 27 日寫信給江，說「鄧小平同志出國是我的意見，你不要反對為好。小心謹慎，不要反對我的意見。」[4] 鄧到聯合國，於 4 月 10 日在大會上發表演說，闡述毛澤東提出的「三個世界」的觀點。

由於病情繼續惡化，周於 6 月 1 日住進了醫院。鄧復出以來，新、老兩派的矛盾加劇了。毛駕凌於二者之上，但比較傾向於老幹部一派。7 月 17 日，毛召開政治局會議，在會上第一次批評江青、張春橋、王洪文、姚文元，要他們「不要搞成四人小宗派」。[5] 這是王洪文從上海調到中央後，第一次受到毛的告誡。這次政治局會議以後，毛離開北京，先到武漢，於 10 月 4 日令秘書打電話給在北京主持政治局日常工作的王洪文，提議由鄧小平出任國務院第一副總理。毛用鄧來代替周的意圖清楚了。這是江青派難以接受的。他們早已覬覦總理一職，企圖以張春橋來代替鄧小平，於是就製造了一個「風慶輪事件」，同鄧小平發生衝突，並派王洪文到毛澤東那裡，告周恩來、鄧小平的狀。

「風慶輪」是一艘中國自行設計和製造的遠洋貨輪，完成遠洋航行後，於 9 月底返抵上海。江青集團控制下的報紙借此大做文章，吹捧「風慶輪」遠航成功是毛澤東的「獨立自主，自力更生」路線的勝利，並影射攻擊周恩來奉行「洋奴哲學」，執行了「造船不如買船，買船不如租船」的賣國主義路線。10 月 17 日晚政治局會議上，江青根據上海《解放日報》記者的內部報導，指出交通部派往「風慶輪」上的兩名幹部有攻擊江青、張春橋、王洪文和反對文化大革命的言論。據說，這兩

4　《中國政局備忘錄》，第 41 頁。
5　《中國共產黨歷史大事記》，第 317 頁。

人還認為，「風慶輪」在航行中機械一再出現重大故障，算不上是一次成功的航行。江青當場要主管國務院工作的鄧小平表態，又要他徹底查處。鄧對江咄咄逼人的態度表示不滿，二人發生衝突，會議不歡而散。[6] 江青、張春橋、王洪文、姚文元四人連夜磋商，認為鄧小平立場未變，仍然反對文化大革命，反對文化大革命中的新生事物，並一致決定派王洪文到長沙，去向毛澤東報告，以期改變毛關於讓鄧出掌國務院的決定。

王洪文於 18 日飛往長沙，向毛報告了前一日政治局會議上江青與鄧小平在「風慶輪」問題上的爭吵，又說，周恩來雖然重病在身，仍然為四屆人大組閣問題而奔忙，晝夜找鄧小平、葉劍英、李先念等人到醫院談話。王說「北京現在大有廬山會議的味道」。意思是說，思想保守的「老家夥們」企圖排斥文革派，控制國務院的大權。當時，毛的秘書張玉鳳隨侍在側。據她後來提供的材料說，毛對王洪文所談，不感興趣。他對王說，如果對周恩來、鄧小平有意見，應當當面同他們談，這麼搞不好。你要注意江青，不要跟她搞在一起。你回去後找總理、劍英同志談談。[7] 20 日，毛寵信的侄孫女王海容和外交部的英語翻譯唐聞生，陪同丹麥首相哈特林到長沙見毛。毛對二人說，總理還是總理，四屆人大的籌備工作和人事安排由總理負責。在此以前，政治局的日常工作和四屆人大的籌備工作都是由王洪文負責的。江青繼續就四屆人大的人事問題向毛提出她的建議。她主張讓王洪文當人大副委員長，名列朱德、董必武之後。她還建議謝靜宜也當副委員長，遲群為教育部長，毛遠新、遲群、謝靜宜、金祖敏列席政治局，作為接班人

6　力平：《開國總理周恩來》，北京，中共中央黨校出版社，1994 年，第490 頁。

7　《王洪文興衰錄》，第 409 頁。

來培養。對此，毛對王海容、唐聞生說「江青有野心，她是想叫王洪文做委員長，她自己做黨的主席」。

江青集團打算由他們的人出任文化、教育兩部部長和體委主任，周恩來等認為教育部不能讓，而把衛生部讓給了江青集團的劉湘萍。12 月 23 日，重病中的周恩來暫時離開醫院，同王洪文一起，帶著第四屆人大委員長、副委員長；國務院總理、副總理、國務院各部部長的名單飛往長沙見毛。在聽完周、王的彙報後，毛決定補鄧小平為黨的副主席兼政治局常委，鄧任第一副總理、軍委副主席、總參謀長。毛稱讚鄧說「人才難得」；又指著王洪文說，鄧的「政治」比他強。[8] 顯然，毛對自己選擇的這個接班人失望了。江青集團與老幹部們在組閣問題上的鬥爭，以毛支持後者而告終。

1975 年 1 月 13 日至 17 日，第四屆人大在北京舉行。重病中的周恩來離開醫院，來到大會上作了政府工作報告。這次人大決定的國務院的組成如下：

總理　　周恩來

副總理　鄧小平　張春橋　李先念　陳錫聯　紀登奎　華國鋒陳永貴　吳桂賢　王震　余秋里　谷牧　孫健

那十二個副總理，是一個左、中、右的混合體。江青集團的核心成員僅張春橋一人，老家夥有鄧小平、李先念、王震、余秋裡、谷牧五人。處於他們之間的是：陳錫聯，是軍隊高級將領；紀登奎和華國鋒，是毛親自從省級幹部中提拔上來的；陳永貴、吳貴賢、孫健，是作為文化大革命的新生力量而從基層提拔上來的，他們不是江青集團成員，但政治態度上受文化大革命影響較

8　《中國政局備忘錄》，第 46 頁。

多。江青集團未能組閣，完全歸他們控制的是文化部、衛生部、國家体委，在其他許多部有他們的人，他們還掌握了一整套宣傳機器。在捍衛文化大革命方面，毛仍然要依靠他們。

1975 年的整頓

一身兼任中共中央副主席、政治局常委、中央軍委副主席、總參謀長、國務院第一副總理的鄧小平，全力投入工作中。他的任務是整頓秩序，治理國家，把每況愈下的國民經濟搞上去。從 1975 年 1 月到 10 月，他召開、出席了一系列會議：總參幹部會、各省市自治區工業書記會議、鋼鐵工業座談會、軍委擴大會議、國防工業重點企業會議、農村工作座談會等，併發表了一系列講話。共產黨統治之下，歷來只能歌功頌德，文化大革命以來，更是只能說「形勢大好」，不能說形勢很壞。鄧在講話中卻大談問題很多，強調全面整頓的必要性、迫切性。他指出，軍隊被搞得相當亂，生產形勢不好，鐵路運輸堵塞、工礦企業規章制度被破壞、生產事故多得驚人、幹部群眾中派性問題嚴重、各級領導班子軟弱渙散、黨的文藝、教育思想被割裂，因此，黨要整頓、軍隊要整頓、工業要整頓、農業要整頓、文藝要整頓、教育要整頓，各方面都要整頓。[9]

整頓的主要內容是：（一）整頓黨的各級領導，改變那種「軟」、「懶」、「散」的狀況，經過整頓，建立起一個堅強的領導班子。（二）反對派性，對於鬧派性的人，該批的批，該鬥的鬥，該調走的調走。（三）加快解放老幹部的工作，使更多老幹部能出來工作。青年幹部要一級一級的提拔，不能搞

9　《文化大革命時期的國民經濟》，第 81，89 頁。

「火箭式」的提昇。（四）恢復工礦企業中的崗位責任制、技術操作規程、品質檢查等制度，對於妨礙生產、運輸，製造事端的人要予以懲處。（五）要重視和改進教育工作，要做到學校應以學為主。同時要注意搞好科學技術工作。國務院各部根據鄧提出的這些要求，採取了一系列具體措施，在各行各業進行整頓，恢復被文化大革命打亂了的秩序。

鄧自己又主持了三個重要文件的制訂，這就是《關於加快工業發展的若干問題》、《科學院工作彙報提綱》和《論全黨全國各項工作的總綱》，前兩個文件旨在克服工業發展和科技工作中的「左」的錯誤，後一個文件則是對當時流行的一些「左」的教條主義論調的批判。其中提出了許多同當時流行的調子不同的意見。例如，在談到政治和經濟的關係時，文件稱：

> 「既要認識政治的統帥作用，又要認識政治工作是完成經濟工作的保證，是為經濟基礎服務的。可是我們一些同志至今還是用形而上學來對待政治和經濟、革命和生產的關係，總是把政治和經濟互相割裂開來，把革命和生產互相割裂開來，只講政治，不講經濟，只講革命，不講生產，一聽到要抓好生產，搞好經濟建設，就給人家戴上『唯生產力論』的帽子，說人家搞修正主義。這種觀點是根本站不住腳的」。[10]

這些論調同江青派的觀點是針鋒相對的。當時，除了鄧小平外，教育部長周榮鑫也就文化大革命對教育制度的

10　《大動亂的年代》，第 530 頁。

破壞，發表了大量揭露和批評的意見，受到廣大教師和學生的熱烈歡迎。經過鄧小平雷厲風行的整頓，國民經濟出現好轉勢頭，1975 年的工農業總產值比前一年增長 11.9%，其中工業總產值增長 15.1%，農業總產值增長 4.6%.10 月下旬，周恩來在醫院對鄧說「你這一年幹得很好，比我強得多……」[11]

為了支持鄧小平的工作，毛對江青派有所抑制。3 月初，江青等人在一個文件上提出反經驗主義的要求，認為經驗主義是當時的主要危險。毛一聽就知道這是針對鄧小平而來，於是他在 4 月 23 日批示說，應當提反對修正主義，其中包括反對經驗主義和教條主義。5 月 3 日，毛在北京召開政治局會議，批評江青、張春橋、王洪文、姚文元說「不要搞四人幫，你們不要搞了，為什麼要照樣搞下去呀？」但又說「我看問題不大，不要小題大做，但有問題要講明白。」他說，我看批判經驗主義的人，自己就是經驗主義。他命令政治局開會批評「四人幫」。5 月 27 日和 6 月 3 日，鄧小平主持政治局會議，批評江青等人。[12] 9 月中旬，江青在國務院召開農業學大寨會議上講話時，大談《水滸》，受到毛澤東的批評。1975 年的大半年，形勢有利於鄧小平。

學理論、評《水滸》

1975 年，毛澤東已八十二歲。多年來，他為支氣管炎、肺氣腫等疾病所苦，老年白內障使他雙目失明。當年 8 月，他

11　《開國總理周恩來》，第 497 頁
12　《中國政局備忘錄》，第 54 頁。

動了一次手術，一隻眼睛恢復了部份視力。但是他患上的一種奇怪的疾病——肌萎縮性脊髓側索硬化，卻日益嚴重。這種病使他行動不便，說話困難，後來連食物也難以下嚥。[13] 他更加深居簡出，與世隔絕。但是，即使如此，他仍然緊緊抓住權力不放，像皇帝一樣繼續統治著中國。

文化大革命已經進行了八、九年，他想按照「三七開」的比例做一個結論，然後宣佈結束這場運動，就是文化大革命是七分成績，三分缺點錯誤。他曾經要鄧小平來主持這個總結，鄧卻敬謝不敏，說他是「桃花源中人，不知有漢，何論魏晉」。所以文化大革命老是結束不了，他總是擔心有人要否定這場運動。為了防止發生這種情況，他發動了「批林批孔」運動，但是搞了一年，似乎還是不解決問題。修正主義仍然想夢魘一樣纏著他。

1974 年底，他決定發動一場理論學習運動，使得人們能夠認識堅持無產階級專政的重要性。這時，周恩來和王洪文到長沙來向他彙報關於召開四屆人大的工作。他同他們專門談了這個問題。他說「我國現在實行的是商品制度，工資制度也不平等……所以林彪一類如上臺，搞資本主義制度很容易。」他重申列寧所說的「小生產是經常地、每日每時地、自發地和大批地產生著資本主義和資產階級的」，並指出，中國的」工人階級的一部份，黨員的一部份，也有這種情況，無產階級中，機關工作人員中，都有發生資產階級作風的。」他說「這個問題不搞清楚，就會變修正主義。要使全國知道。」他指示要來

13　《毛主席的私生活》（The Private Life of Chairman Mao，英文版），
　　第 9 頁。

一次全國性的學習無產階級專政理論的運動。[14] 於是，批判孔夫子的運動尚未宣告結束，一個新的運動又在全國展開了。

1975 年 2 月，中共中央發出通知，將毛關於無產階級專政的講話發到全國，又發了〈馬克思、恩格斯、列寧論無產階級專政〉的材料。通知說「毛主席的指示極為重要，弄清楚這個問題，對於反修防修，鞏固無產階級專政，防止資本主義復辟……具有極其重要的現實意義和深遠的歷史意義。」3 月，姚文元在《紅旗》雜誌上發表具有指導性意義的長篇文章《論林彪反黨集團的社會基礎》。文章說：

「資產階級影響的存在，國際帝國主義、修正主義影響的存在，是產生新的資產階級份子的政治思想根源。而資產階級法權的存在，則是產生新的資產階級份子的重要的經濟基礎。」文章根據毛澤東的平均主義思想，著重討論了限制資產階級法權的必要性。所謂資產階級法權，泛指在分配和交換領域內存在的不平等現象，包括工農業之間、城鄉之間、腦力勞動和體力勞動之間的差別。文章認為，「資產階級法權如不加以限制，兩極分化的現象就會發生，黨員、工人、農民、機關工作人員中就會產生新的資產階級份子、暴發戶，資本主義復辟就會發生。」

4 月，張春橋的長文《論對資產階級的全面專政》在《紅旗》第四期發表。文章說：

「必須看到，我們的經濟基礎還不穩固，資產階級法權在所有制方面還沒有完全取消，在人們的互相關系方面還嚴重存在，在分配方面還佔統治地位。在上層建築的各個領域，有些方面實際上仍然被資產階級把持著，資

14　《中國共產黨歷史大事記》，第 317 頁。

產階級還佔優勢，有些正在改革，改革的成果也並不鞏固，舊思想、舊習慣勢力還頑固地阻礙著社會主義新生事物的生長。隨著城鄉資本主義因素的發展，新的資產階級份子一批又一批地產生，無產階級和資產階級之間的階級鬥爭，各派政治力量之間的階級鬥爭，無產階級和資產階級之間在意識形態方面的階級鬥爭還是長期的，曲折的，有時甚至還是很激烈的。」

文章認為，在中國，「無產階級能不能戰勝資產階級，中國會不會變修正主義，關鍵在於我們能不能在一切領域，在革命發展的一切階段始終堅持對資產階級的全面專政。」

鄧小平的整頓剛剛開始給人們一絲寬鬆之感，關於無產階級專政的教育運動又如一陣寒風，迎面刮來，使人感到前途叵測。

正當全國學習無產階級專政的理論之際，突然之間又插入了一個評《水滸》，反對投降派的運動。原來，毛澤東由於目疾而無法讀書，請了北京大學中文系教師蘆荻來為他朗讀古典文學作品。因為學術界對《水滸》這部書的評價有很大分歧，8 月 14 日，蘆荻乘機向毛請教，如何看待這部小說。毛就此發表了他的見解，其中說：

「《水滸》這部書，好就好在投降。做反面教材，使人民都知道投降派。」
「《水滸》只反貪官，不反皇帝。摒晁蓋於 108 人之外。」
「宋江投降了，就去打方臘。」

蘆荻將毛的話詳加整理。姚文元看到毛的講話稿，立即寫信給毛，認為毛對《水滸》的評論，對於「在本世紀和下世紀堅持馬克思主義，反對修正主義，把毛主席的革命路線堅持

下去，都有重大的、深刻的意義」，建議公開發表並組織評論。毛批示同意。[15]

8月31日，人民日報就評水滸發表文章說「在社會主義歷史階段，要反修防修，堅持無產階級專政下的繼續革命，就必須知道投降派，反對投降派。」9月4日，該報又發表評論指出，評《水滸》「是我國政治思想戰線上的又一次重大鬥爭，是貫徹執行毛主席關於學習理論，反修防修重要指示的組成部份。」江青派借此影射周恩來、鄧小平等是投降派。江青9月在農業學大寨會議等許多場合發表講話，強調評論《水滸》要「聯繫實際」。她說，共產黨經歷了十次路線鬥爭，「我們黨內的投降派、修正主義者，幹的事情是公開的敵人做不到的。」「現在，我們批《水滸》，看看宋江如何排斥晁蓋。他把那些土豪劣紳、武將文吏請到梁山上去，把重要的領導崗位統統佔領了。」「所以，主席說，搞修正主義很容易。」一時之間，反投降派的呼聲劈頭蓋腦地壓下來，就連躺在醫院病床上的周恩來，也感受到了一股異乎尋常的壓力，因為江青曾經借所謂「伍豪事件」，攻擊周曾經叛變投敵。給周造成巨大精神壓力。9月25日，一向舉止優雅的周氏幾乎失態。在被推進手術室時，竟抓住門框大聲喊了起來「我是忠於黨，忠於人民的！我不是投降派！」[16]

反擊右傾翻案風

1975年的夏季，中共領導集團內部新、老兩派在進行一場別開生面的戰鬥。老幹部們生方設法，把一些不利於江青

15　福貝「毛澤東評水滸真相」，《追求》（雙月刊），北京，1988年第5期。
16　《歷史在這裡沉思》，第1冊，第79頁。

等人的消息轉播到社會上去。於是，北京流傳著許多「小道消息」，諸如：四人幫在政治局會議上受到了毛主席的批評，毛聲明江青並不代表他，只代表她自己；毛批評江在農業學大寨的大會發言是「放屁！文不對題」，聲稱要把她「攆出政治局」；毛說江對電影《創業》的批評是「求全責備，太過份了」；毛還當面讚揚過鄧小平，說他頂江青，頂得對，等等。宣傳工具掌握在江青派手裡，「老家夥」們只能這樣向群眾傳達訊息。人們聽到這類消息後便奔相走告，普遍希望鄧小平的整頓治理能繼續下去。大家希望運動儘快結束，局勢恢復正常。然而，這種期望很快就落空了。因為毛澤東雖然支持鄧小平進行整頓治理，發展國民經濟，但是他決不容許任何人觸及他的文化大革命。鄧小平與周恩來不同，他不像周那樣八面玲瓏，小心謹慎，而是大刀闊斧，雷厲風行。他尖銳批評當時存在的問題，大張旗鼓地採取措施進行整頓，不管是否有意，他的言行都危及了毛的文化大革命。

此時，毛獨處深宮，不同政治局接觸，他把侄兒毛遠新從遼寧調來，充當他與政治局之間的聯絡員。

毛遠新當時任瀋陽軍區政委，是文化大革命中飛速擢升的所謂「火箭式幹部」，政治態度與江青一致。從 1975 年 9 月到 11 月，他經常向毛報告他發現的問題。他說，他在省裡工作時，就感到 1975 年有一股風，是針對文化大革命的。問題是對文化大革命怎麼看？成績是主流還是支流？「批林批孔」是主流還是支流？劉少奇、林彪的路線還要不要批？他說，現在，工業、農業、財貿、教育、文藝、只講規章、制度、管理，不講主要矛盾是什麼。他告訴毛澤東，鄧小平提出全國的工作要以學習理論、安定團結、把國民經濟搞上去為綱，這

是毛的三項指示，其實在鄧小平那裡，只剩下搞好經濟一項。毛遠新說，這股針對文化大革命的風，「似乎比72年批極左還凶些。」又說「我很注意小平同志的講話，他很少講文化大革命的成績，很少提批判劉少奇的修正主義路線。」[17]

毛澤東聽了，認為鄧小平此人還是搞他的「白貓黑貓」那一套，不抓階級鬥爭。他對毛遠新說，這說明，「一是對文化大革命不滿意，二是要算帳，算文化大革命的帳。」他認為，文化大革命是「三七開，七分成績，三分錯誤。」這個錯誤就是「1.打倒一切，2.全面內戰。」「總的看法：基本正確，有所不足」。根據毛的指示，政治局幾次開會批評鄧小平，並解除了他大部份職務，只讓他管外事工作。[18] 清華大學黨委副書記劉冰等四人連續兩次寫信給毛澤東，反映該校黨委書記遲群和副書記謝靜宜思想上和生活作風上的一些問題，尤其是遲群因為沒有當上中央委員和教育部長而對毛澤東、周恩來不滿。遲、謝二人都是江青的親信。劉冰的信是請鄧小平轉交毛澤東的。遲群知道後，也讓人寫信給毛，控告教育部長周榮鑫發表過大量反對文化大革命的言論，而周是劉冰等人的後臺老闆。兩份狀子告到毛的面前，遲群得勝，因為他反映的是人們對文化大革命的態度。毛在劉冰等人信上批道：

> 「清華大學劉冰等人來信告遲群和小謝。我看信的動機不純，想打倒遲群和小謝。他們信中的矛頭是對著我的。我在北京，寫信為什麼不直接寫給我，還要經鄧小平轉？小平偏袒劉冰。清華大學所涉及的問題不是孤立的，是當前兩條路線鬥爭的反映。」[19]

17　《文化大革命十年史》，第565頁。
18　《大動亂的年代》，第553頁。
19　同上，第554頁。

這條批語表明，當時的毛澤東已經完全是個昏君。11 月 3 日，清華大學黨委召開常委擴大會，傳達毛的批示。18 日，召開全校大會，批鬥周榮鑫、劉冰等人。接著，中央政治局在北京召開有 130 多名黨、政、軍負責人參加的名曰「打招呼」的會議。會上宣讀毛澤東批准的《打招呼講話要點》. 除了毛對劉冰信件的批示外，又說：

> 「中央認為，毛主席的批示非常重要。清華大學出現的問題絕不是孤立的，是當前兩個階級、兩條道路、兩條路線鬥爭的反映。這是一股右傾翻案風⋯⋯有些人總是對這次文化大革命不滿意，總是要算文化大革命的帳，總是要翻案。」

12 月 14 日，中共中央轉發清華大學的一個報告，其中說「今年 7, 8, 9 三個月，社會上政治謠言四起，攻擊和分裂以毛主席為首的黨中央，否定無產階級文化大革命，翻文化大革命的案，算文化大革命的帳，這是一股右傾翻案風。」[20]

鄧小平的整頓治理壽終正寢了。

1976 年在反擊右傾翻案風中開始。1 月 8 日，周恩來在無比壓抑的政治氣氛中去世。四人幫下令，除了中央舉行一次追悼會外，其他地方不再舉行弔唁活動，人們也不許佩帶黑紗。

1 月 15 日，北京舉行周恩來追悼會，鄧小平致悼詞。這是他第二次倒臺前最後一次露面。接著，他就變成了右傾翻案風的主要代表人。當然他不可能出任總理。張春橋亟欲得到這個位置，但是毛澤東卻出人意外地指定華國鋒為代總理。

---

20 《中國共產黨六十年》，第 649 頁。

2月，《打招呼的講話要點》傳達到基層。同月，傳達了毛澤東關於「批鄧、反擊右傾翻案風」的講話。要點如下：

> 什麼「三項指示為綱」，安定團結不是不要階級鬥爭，階級鬥爭是綱，其餘都是目。
>
> 一些同志，主要是老同志，思想還停止在資產階級民主革命階段，對社會主義不理解，有抵觸，甚至反對。對文化大革命兩種態度，一是不滿意，二是要算帳，算文化大革命的帳。
>
> 搞社會主義革命，不知道資產階級在那裡，就在共產黨內，黨內走資本主義的當權派。走資派還在走。
>
> 小平……他這個人是不抓階級鬥爭的，歷來不提這個綱。還是「白貓黑貓」啊，不管是帝國主義還是馬克思主義。他還是人民內部矛盾……批是要批的，但不應一棍子打死。[21]

華國鋒開始主持中央的工作。2月25日，他在中央會議上正式提出，要「深入揭發批判鄧小平同志的修正主義路線錯誤」，批鄧、反擊右傾翻案風的運動正式展開，批判文章又鋪天蓋地而來。鄧小平再次被打倒，距離他復職的時間大約三年。他信任和使用的一批人被追查、批鬥。教育部長周榮鑫首當其衝，被批鬥五十多次。4月12日，他暈倒在批鬥會上，當晚去世，終年59歲。

天安門的示威

文化大革命十年，政治運動頻仍，國計民生凋敝，人民深懷不滿。這種不滿終於在1976年的4月初爆發出來，形成

21　《大動亂的年代》，第559, 560頁。

震驚中外的「天安門事件」。事件的導因是清明節悼念周恩來。

　　先是3月5日，上海《文匯報》在登載紀念雷鋒的題詞時，刪去了周恩來當年的題詞。25日，該報發表一篇批鄧文章，其中說「黨內那個走資派要把被打倒的至今不肯改悔的走資派扶上臺」。人們一眼就可以看出，這裡指的是周恩來與鄧小平。《文匯報》是四人幫的報紙，上海和全國各地的讀者紛紛向該報提出抗議。3月下旬，南京學生和市民集會遊行，悼念周恩來，貼出「打倒大野心家、大陰謀家張春橋」的大標語。3月底至4月初，北京天安門出現了更大規模的悼念活動，人們以懷念周恩來的方式來表示他們對批鄧，對反擊右傾翻案風的抗議和對四人幫的反感。這個抗議活動在清明節（5月4日）達到高潮，數十萬人集中到天安門廣場，獻花圈、獻詩詞、發表演說，天安門廣場成為花圈的海洋。

　　中共當局十分緊張。華國鋒主持中央政治局會議，連日在廣場一側的人民大會堂開會，討論對策。4日晚上的政治局會議認為，「這次是反革命性質的反撲」，決定：在全國揭露敵人的陰謀，追查政治謠言，在「五一節」前搞一次大反擊；立刻清除天安門廣場上的花圈、標語；逮捕反革命份子；在天安門調集民兵和公安人員，禁止群眾集會和送花圈；調動衛戍部隊，集結待命。毛批准了這些措施。

　　5日凌晨，廣場上的花圈全部被運走。次日，群眾發現花圈已被運走銷毀，十分憤怒，廣場上的人越集越多。下午，群眾燒毀了員警、民兵、聯合指揮部的汽車，又燒毀了指揮部所在的小樓。晚9點35分，當局調集的民兵10,000人、員警3,000人、衛戍部隊五個營開始行動，驅趕、毆打、逮捕廣場上的群眾。6日凌晨，政治局開會，肯定天安門事件是「反革

命暴亂性質」。同時決定集中 30,000 民兵、9 個營部隊待命。4 月 7 日。毛做出決定，解除鄧小平一切職務，保留黨籍，以觀後效；任命華國鋒為黨的第一副主席，國務院總理。天安門事件被鎮壓下去了。[22]

毛澤東逝世

1976 年 1 月 31 日是毛度過的最後一個春節。當老百姓闔家團聚共度除夕之夜時，毛的住處卻是另一番情景。他的妻兒子女全不在身邊。張玉鳳回憶說，那天晚上，星光黯淡，毛在中南海的住所包圍在一片黑暗之中。沒有客人，沒有親人，毛同身邊侍候他的人一起過節。張玉鳳用匙子給毛餵飯，因為他不但拿不起筷子，甚至張口、吞咽都很困難。張扶他坐到沙發上。他把頭枕在沙發靠背上，一言不發。突然之間，遠處有鞭炮聲。毛向張示意，也放一點鞭炮。當他聽到院子裡的鞭炮聲時，臉上露出了一絲笑容。[23]

83 歲的毛澤東病情日重，他知道他的日子不多了。4 月 30 日，他召見華國鋒、王洪文、張春橋、江青、姚文元、王海容等，談了下面一段話：

> 「人生七十古來稀，我八十多了，人老總想後事。中國有句古話叫蓋棺論定，我雖未蓋棺，也快了，總可以論定了吧。我一生幹了兩件事。一是與蔣介石鬥了那麼幾十年，……打進北京，總算進了紫禁城。對這件事，持異議的人甚少。只有幾個人在我耳邊嘰嘰喳喳，無非是

<hr>

22 《中國共產黨六十年》，第 653 頁。
23 張玉鳳：《毛澤東周恩來晚年二三事》，載《炎黃子孫》月刊，北京，1989 年第 1 期，第 8 頁。

要我及早把那個海島收回來罷了。另一件事情你們都知
　　道，就是發動文化大革命。這事擁護的人不多，反對的
　　人不少。這兩件事沒有完，這筆遺產得交給下一代。怎
　　麼交？和平交不成就動盪中交，搞得不好後代怎麼辦？
　　就得血雨腥風了。你們怎麼辦？只有天知道。」[24]

　　5月中旬和6月下旬，毛兩次發生心肌梗塞。7月6日，
中國革命的另一位領導人朱德逝世。7月28日凌晨，唐山大
地震，242,000多人死亡，164,000多人重傷。9月2日，毛
第三次心肌梗塞，9日，毛澤東逝世。[25]

決鬥

　　9月11日，毛的靈柩停於人民大會堂，供人弔唁。18日
在天安門舉行追悼大會。毛澤東屍骨未寒，中共領導集團內部
新、老兩派的鬥爭就激烈展開了。

　　毛澤東死前沒有把權力交給激進派的江青、張春橋，而
是交給了態度比較溫和的華國鋒。當時「批鄧、反擊右傾翻案
風」的運動正在進行，激進派聲勢奪人，「老家夥」們處境被
動，新上臺的華國鋒，資歷較淺，沒有自己的一套人馬，缺乏
與四人幫抗衡的力量。江青等人企圖憑藉他們政治上的優勢，
奪取更大權力。

　　毛逝世當晚的政治局會議上，江青就強調，不許用任何
事情來衝淡「批鄧」。激進派利用9月16日「兩報一刊」（《人

24　胡繩：《毛澤東一生所做第兩件大事》，人民日報，1993年12月17
　　日《大動亂的年代》，第600頁。
25　《毛主席的私生活》，同上；又《中國共產黨歷史大事記》，第
　　327,328頁。

民日報》、《解放軍報》、《紅旗》雜誌）的社論，製造輿論，說毛有一項臨終囑咐，叫做「按既定方針辦」。什麼「既定方針」？當然只有江青等人才知道。這表明他們企圖用這種辦法，取得毛的法定代言人資格，以便為所欲為。他們開動全國宣傳機器，宣佈要堅決執行毛的「臨終囑咐」。接著，江青以毛的妻子的身份，要求接收毛的文件和圖書。她不是政治局常委，卻逼迫華國鋒於 9 月 19 日召開政治局常委緊急會議，在她的參加下來討論這個問題。華國鋒抵擋不住，只得召開會議。會上，江青建議由毛遠新來整理毛的文件檔案。華國鋒、葉劍英、汪東興等人知道控制毛的文件檔案的重要性，他們擔心，如果毛的文件落入江青之手，她可能無中生有地造出什麼東西來。常委會上發生了激烈的爭論，最後終於拒絕了江青的要求，毛的文件檔案由中央辦公廳封存。張春橋、姚文元等又佈置他們的追隨者發動群眾，給江青寫效忠信、勸進信，造成人們要求江青出任黨的主席的氣氛。9 月 29 日政治局會議，江青批評主持中央工作的華國鋒，說他處理「保定問題」優柔寡斷。王洪文借機提出由誰出任黨的主席的問題，張春橋立即提出，應當安排江青的工作，意思是要江出任主席，但是政治局多數委員未曾響應。江青又要求討論毛遠新是否應回遼寧。葉劍英、李先念等人認為他應當返回遼寧，但江青大吵大鬧，要把他留下來準備十屆三中全會文件。江青等人準備在這次全會上大批鄧小平。華國鋒說，三全會應由他這個黨的第一副主席來負責準備。江青根本不把他放在眼裡，同華爭吵，華要休會，江不讓休會，會場一片混亂，華國鋒十分難堪。華知道，江青的目的是要把他趕下臺。

　　江青派當時的優勢是，「批鄧、反擊右傾翻案風」運動

使他們政治上處於上風，他們控制著全國的宣傳機器，他們通過影響甚大的北京大學和清華大學，同群眾保持著直接的聯繫。他們手裡有好幾個寫作班子，可以得心應手地製造輿論。在國務院系統，他們佔據了一些陣地，他們在全國各地都有一些支持者，尤其是上海，是他們的重要根據地。他們最大的弱點是沒有掌握住軍隊。他們知道自己這個弱點，所以在上海以工人為主體，建立了一支很大的民兵隊伍，並且爭取到了南京軍區司令員丁盛對他們的支持。他們打算利用上海，同北京形成南北呼應之勢。毛病重之際，他們就緊急給上海民兵發槍74,000多支，炮300餘門，彈藥1,000多萬發。從9月下旬到10月初，江青、王洪文等又四處講話，大談中央可能出修正主義。他們打算從上海和長沙發難，拋出他們整理的打擊華國鋒和葉劍英的材料，然後召開三中全會，解除他們的職務。[26]

　　正當江青派為奪取權力而大造輿論之時，老幹部們也在暗中加緊串聯，其中的主要人物是葉劍英、李先念、王震、聶榮臻、陳雲、鄧小平、鄧穎超等一批老家夥和楊成武、粟裕、宋時輪、蕭勁光、蘇振華等一批軍事將領。華北一帶駐軍的負責人，大部份曾是這些人的部下，所以老幹部們在輿論宣傳上居於劣勢，在軍事實力上佔絕對優勢。當時任中央軍委副主席的葉劍英成為老家夥們的核心。9月21日，聶榮臻派楊成武到葉劍英處，向葉建議說，要採取措施，防止「四人幫」下手。聶說，如果他們把鄧小平暗害了，把葉帥軟禁了，那就麻煩了。聶認為「採用黨內鬥爭的正常途徑，來解決他們的問題是無濟於事的，只有我們先下手，採取果斷措施，才能防止意外。」

26　《中共黨史風雲錄》，第433,434頁；又《歷史在這裡沉思》，第6冊，第433頁。

葉劍英回復聶榮臻稱，他們的想法完全一致。要除掉「四人

幫」，華國鋒是個關鍵人物，因為他是黨的第一號人物，毛澤東的法定繼承人。毛雖然死了，但是他的神的地位一仍其舊。在當時的條件下，要有華國鋒出面，除掉「四人幫」才合理合法。於是，葉劍英受老幹部之託，去爭取華國鋒。經過幾次商談，二人取得一致，要採取非常措施，除掉四人幫。但是華表示擔心自己資歷太淺，老幹部們不支持他。葉對他說「請你放心，我支持你，老同志支持你，只要你站出來，大家都會支持你的！」華表示，只要有老同志撐腰，有軍隊撐腰，就好辦。華國鋒曾考慮過召開政治局會議或召開擴大的三中全會來解決問題，葉劍英均認為不可，指出 29 日江青等多次大鬧政治局，證明不能通過會議來解決問題，而且他們在中央委員會中也有相當力量，三中全會未必能夠順利除掉他們。他認為，除掉四人幫，必須採取非常措施。華同意了[27] 江青等 29 日大鬧政治局會議後，又提議 10 月 1 日國慶日晚上，中共中央全體領導人到天安門城樓參加工、農、兵、學、商各界群眾代表座談會，「學習毛主席著作，繼承毛主席遺志……按毛主席的既定方針辦。」這個冠冕堂皇的理由無法加以拒絕，華國鋒、葉劍英等一個個政治局委員只好老老實實登上天安門城樓，同群眾代表一起開座談會，批判鄧小平、反擊右傾翻案風。

2 日，華審閱外交部長喬冠華在聯合國大會上的發言，發現稿中有「按既定方針辦」字樣，他批道，「毛主席親筆寫的是「照過去方針辦」，六個字錯了三個，所以我刪掉了，以免以訛傳訛」。就在華刪了「按既定方針辦」這幾個字之後的第三天，他讀到《光明日報》上發表的文章「永遠按毛主席的既

27　《中共黨史風雲錄》，第 432 頁。

定方針辦」，其中有一段話令他大吃一驚，這段話說「篡改毛主席的既定方針，就是背叛馬克思主義，背叛社會主義，背叛無產階級專政下繼續革命的偉大學說……任何修正主義頭子膽敢篡改毛主席的既定方針，是決然沒有好下場的。」文章是江青的御用寫作班子「梁效」（「兩校」：由北京大學，清華大學的教師組成）寫的。江青集團的矛頭已經直接指到華的身上了。他與葉劍英等緊急磋商，本來他們準備在國慶日（10月1日）以後十天採取行動，現在決定提前動手，並就行動方案達成了一致，由中共中央辦公廳主任，中央警衛部隊的負責人汪東興具體實施。汪長期在毛澤東身邊工作，同江青不和，是江的老對頭。同時，葉還就掌握好解放軍三大總部和海陸空三軍作了部署。

10月6日上午，張春橋、王洪文接到通知，晚上8點在中南海懷仁堂開政治局常委會，有三個內容：審議《毛澤東選集》第五卷清樣；研究毛澤東紀念堂方案；商議中南海毛澤東故居的安排。姚文元不是常委，但也接到通知，因為毛選出版事宜與他有關。沒有通知江青參加，因為她不是常委。

晚8時，會議室內只有華國鋒、葉劍英二人，汪東興藏在屏風後，8341部隊警衛戰士已埋伏就緒。張春橋第一個到達，一進門就被拿下，來不及作任何反抗。華國鋒對他宣佈「張春橋，你夥同江青、王洪文、姚文元，反黨反社會主義，妄圖篡黨奪權，問題嚴重，中央決定對你進行隔離審查。」王洪文、姚文元依次到來，也被警衛一一拿下，宣佈罪狀，隔離審查。江青在中南海她的住處被捕。同時被捕的有毛遠新、遲群、謝靜宜。[28] 四人幫的問題順利解決，晚10時，政治局全體會議，

28　范碩：《葉劍英在1976》，北京，中共中央黨校出版社，1990年，第 296,297 頁。

華國鋒宣佈四人幫被粉碎。會議一直開到次日淩晨。7日，政治局一致通過華國鋒任中共中央主席，中央軍委主席。[29] 江青集團被捕的消息很快傳遍北京，傳遍全國。隨著江青集團的瓦解，文化大革命也徹底地破產了。

---

29 《中國共產黨大事記》，第 334 頁。

第十一章 徹底否定文化大革命

　　文化大革命是一場空前的大災難。據官方估計，全國直接、間接受害的人數超過一億，國民收入十年內損失達到五千多億元，相當於建國三十年來全國基本建設投資總和的 80%，文化教育、科學技術事業受到一次史無前例的大破壞。互相對立的兩派群眾組織在全國的武鬥中，究竟打死打傷多少人，至今沒有完整的統計數字。這是一場令人眼花繚亂的大動亂，令人恐怖的、駭人聽聞的、荒謬絕倫的、愚蠢可笑的、聞所未聞的事情，應有盡有。

　　毛澤東深知，對這場革命贊成者不多，反對者不少。在群眾中，最初起來的「老」紅衛兵曾是文化大革命的熱烈的支持者，但不久他們就變成了反對這場運動的「聯動」。激進派紅衛兵和革命造反派曾一度成為支持文化大

革命的中堅力量，但是「奪權」階段一過去，他們就成為動亂形勢的替罪羊，被打下去了。後來又作為「五一六反革命份子」而大受迫害。文化大革命中的「逍遙派」和保守派中，不少人是這場運動的得利者，但很難說他們是文化大革命的真正支持者。中共的各級領導都是挨整的對象，文化大革命的真正支持者只有中央文革小組中的那一小批新貴，但他們已變得七零八落，大部份成員在運動遠未結束之前就遭到清洗。當然，江青集團提拔了一批人，加強了自己的力量，但在中共領導層仍是少數。曾經躊躇滿志的毛澤東，回顧晚年的這番業績，顯然喪失了信心。他不得不做出努力，來維護他的文化大革命。然而，結論尚未作出他就死了，「四人幫」也倒了，維護文化大革命的重任，落到華國鋒肩上。

在中共中央，華國鋒一無資歷、二無班底、三無業績，也沒有特殊的才能。他的上臺，全靠毛澤東的信任。毛曾送他六個字「你辦事，我放心」。在個人崇拜空氣仍然十分濃厚的中國，這是很重要的資本。他受命於危難之際，在粉碎「四人幫」問題上，他順應人心，一時之間成為全黨全國擁戴的英雄。當時中共領導層為穩定大局，也一致同意確立他在全黨的領導地位。於是，全國歌頌「英明領袖華主席」，人們希望他能領導全國，走向穩定、繁榮和富強。

中共十一大

1976 年 10 月江青集團被粉碎後，華國鋒等中共領導開展了清查「四人幫」餘黨的鬥爭。上海是「四人幫」的實力基地，並有王洪文主持建立的所謂第二武裝——民兵。但是，中央沒有費很大氣力就在同月中旬解決了上海問題。河南省的革命造

反派在該省權力機構革命委員會中佔有重要地位，這在全國是絕無僅有的現象。其他省、市的革命造反派都已經被打垮，當權者多是保守派，清查工作僅限於查出追隨「四人幫」的一些激進份子。同清查林彪集團一樣，被清查者被分為四類「四人幫」的死黨，骨幹份子，犯嚴重錯誤的人，犯一般錯誤的人。清查工作在全國進行，照樣是發動群眾，大字報和書面報告相結合的揭發，大小型的批判會，最後定案處理。上述四類人究竟查出了多少，官方沒有公佈過數目字。清查工作進行不到一年，1977 年 8 月中共召開的十一次黨代表大會，清查宣告結束。

十一大是毛澤東死後召開的第一次代表大會，它的基調是宣佈繼承毛的事業，任務是調整粉碎「四人幫」後中共的領導班子。華國鋒作為毛指定的繼承人，代表黨中央作政治報告。同黨的九大和十大一樣，華的報告也是用毛的一系列指示連接起來的一篇文章，它詳細引用了毛生前最後兩三年對江青等人的一系列批評，來證明粉碎「四人幫」的必要性和正確性。華國鋒又用很大篇幅，重述毛的階級鬥爭的觀點和「無產階級專政條件下繼續革命的理論」。他舉出這次文化大革命取得了如下「偉大成就」：粉碎了劉少奇、林彪、「四人幫」三個資產階級司令部，取得了依靠人民戰勝黨內走資派的經驗，普及了馬列主義、毛澤東思想，為國際共產主義運動反修防修提供了新鮮經驗。所以，這次文化大革命是完全必要的，非常及時的。華宣佈，毛澤東發動的、為時十年的文化大革命就此結束，但是，這種性質的政治大革命，以後還要進行多次。[1]

代表大會選舉了新的中央委員會，「四人幫」及其追隨

---

1 《中國共產黨的六十年》，第 674 頁。

者當然完全被清除出去，大批老幹部紛紛官復原職。新選出的中央政治局委員 23 人，候補委員 3 人。政治局常委 5 人。政治局委員中，17 名是老幹部，華國鋒及其支持者最多不超過 6人。中央委員會主席是華國鋒，副主席是葉劍英、鄧小平、李先念、汪東興。華是毛澤東指定的接班人，汪東興粉碎江青集團有功，高昇到黨中央領導核心。汪在中央辦公廳，多年來直接服務於毛，負責毛的安全，生活起居，乃至為毛物色舞伴等。他雖然也是個「長征」幹部，但資歷上不能同葉、鄧、李等人相比。他同華緊緊聯合在一起，全力擁護華國鋒，通過這種辦法來鞏固自己的地位，所以，華在政治局常委中也處於少數。十一大之後，汪繼續擔任中辦主任之職，並且掌管宣傳工作，權力甚大，這點對華有利。

「兩個凡是」之爭

1976 年 10 月 26 日，亦即打倒江青集團的第二十天，華國鋒說，「一定要注意，毛主席批過的，講過的，不能批。」接著，他又同汪東興一起，提出了一個方針性的意見，發表在1977 年 2 月 7 日《人民日報》、《解放軍報》、《紅旗》雜誌的社論中，說「凡是毛主席作出的決策，我們都堅決維護，凡是毛主席的指示，我們都始終始不渝地遵循。」於是，華、汪和他們的支持者被稱為「凡是派」，中央其他領導人同他們就發生了關於「兩個凡是」之爭。

3 月，中共中央舉行工作會議，討論粉碎「四人幫」以來的工作，部署今後任務。華國鋒在講話中強調要堅持「兩個凡是」。這時，鄧小平尚未復職，但他卻對「兩個凡是」提出了挑戰，他寫信給中共中央，不說他擁護華國鋒的「兩個凡是」，

而是提出，要用「準確的、完整的毛澤東思想來指導全黨、全軍和全國人民。」不久，汪東興去看他，他當面對汪東興說，「兩個凡是」不行，「要準確地、完整地理解毛澤東思想。」此時、毛澤東和「四人幫」均已不在，汪拿他無可奈何。[2]

7月中旬，中共中央召開十屆三中全會，正式承認政治局關於華國鋒為中共中央主席、中央軍委主席的決議；同意恢復鄧小平的黨內外職務；通過把江青、張春橋、王洪文、姚文元永遠開除出黨的決定。華在講話中仍然重復「兩個凡是」的方針。鄧在發言中既不支持，也不當著華國鋒的面公開反對「兩個凡是」，只是強調不能只從個別詞句來理解毛澤東思想，而必須從毛澤東思想的整個體系去獲得正確的理解。

鄧小平等人的優勢是無庸置疑的。十一大以後，他們利用各種場合，就不同問題對「兩個凡是」公開進行駁斥。以華國鋒為首的「凡是派」沒有靠山，沒有「四人幫」那樣氣派。雖然汪東興主管宣傳工作，但是，報刊上卻發表大量不利於「兩個凡是」的文章。後來，鄧小平甚至不顧華國鋒的臉面，出來公開反對「兩個凡是」。9月16日，他在一次會議上說「大家知道，有一種議論，叫做「兩個凡是」，不是很出名嗎？凡是毛澤東圈閱的文件都不能動，凡是毛澤東同志做過的，說過的，都不能動。這是不是叫高舉毛澤東思想的旗幟呢？不是！這樣搞下去，要損害毛澤東思想。毛澤東思想的基本點就是實事求是。」[3]

華國鋒不敢反駁。1978年12月13日，他被迫在中央工

2　《鄧小平文選》，第二卷，第38頁。

3　王學模等著：《改革開放的歷程》，河南，河南人民出版社，1989年，第72頁。

作會議上承認，「兩個凡是」的說法不妥。他說，去年 3 月他在中央工作會議上說的，「凡是毛主席做出的決策，都必須維護；凡是損害毛主席形象的言論，都必須制止」，這些話說得絕對了。關於「凡是毛主席做出的決策，我們都堅決維護，凡是毛主席的指示，我們都始終不渝地遵循」，這個提法就更加絕對，更為不妥了。他承認，「兩個凡是」不利於活躍思想，不利於落實政策。他說，當時考慮不夠周全，不提，就好了。[4]「兩個凡是」被否定，精神枷鎖開始放鬆，毛澤東的話並非一字一句都不能動，這就為重新評價文化大革命打開了突破口。

平反冤假錯案

文化大革命是一場大迫害、大清洗，製造出無數的冤假錯案。毛澤東一死，「四人幫」一倒，平反冤假錯案的問題就提上了日程。冤案太多，首先要解決的是大案要案，江青集團垮臺後要解決的大案要案，首先是鄧小平案和 1976 年清明節發生在天安門的所謂反革命事件案。

從「兩個凡是」出發，華國鋒、汪東興在「四人幫」被打倒後，仍然堅持要繼續批鄧、反擊右傾翻案風。老幹部則認為，平反工作刻不容緩。葉劍英把尚未解除軟禁狀態的鄧小平接到自己住處，並在政治局會議上提議，恢復鄧的工作。胡耀邦托人轉告華國鋒「停止批鄧，人心大順。」華不同意。汪東興在宣傳工作會議上說「鄧小平也有錯誤，他不聽毛主席的話，還搞他過去的一套。」人們不服，有人在天安門貼大字報，

4　同上，第 61 頁。

駁斥汪的講話。[5]

　　1977 年 3 月，中央召開工作會議。在準備會議文件時，葉劍英又提出鄧出來工作和為天安門事件平反的問題。開會時，葉劍英、陳雲、聶榮臻、王震等人提議恢復鄧小平的職務，為天安門事件平反。陳雲說「讓鄧小平同志重新參加黨中央的領導工作，是完全正確的、完全必要的，我完全擁護。」他不同意說天安門事件是反革命的，認為那是群眾悼念周恩來的活動。[6] 王震在會上說，鄧小平政治思想強，人才難得，這是毛主席講的。1975 年他主持中央工作，取得了巨大成績。他是同「四人幫」鬥爭的先鋒。王震認為，天安門事件是廣大群眾強大的抗議運動，是我們民族的驕傲。[7] 在黨內外強烈要求下，中共中央在 7 月舉行的十屆三中全會上決定恢復鄧小平中央委員、中央政治局委員、政治局常委、中央副主席、中央軍委副主席、國務院副總理、中國人民解放軍參謀長的職務。1973 年 8 月，中共舉行第十次代表大會時，文化大革命中受打擊的一批老幹部如鄧小平、譚震林、王稼祥、烏蘭夫、李井泉、李葆華、廖承志、秦基偉等人曾得到平反。年底，毛澤東又為受林彪誣告而被打倒的羅瑞卿、賀龍、楊成武、余立金、傅崇碧和「二月逆流」案的譚震林等人平反。此外，成百上千萬幹部的問題，不是沒有解決，就是解決得很不徹底，有許多還仍然關在監獄裡。鄧小平復職後，任中央黨校副校長的胡耀邦受命，組織黨校的人，寫了《把被四人幫顛倒了的幹部路線是非糾正過來》的文章，發表在 1977 年 10 月 7 日的《人民日報》上，發出了徹底平反冤假錯案的信號。12 月，追隨華國鋒、

5　同上，第 21 頁。

6　《陳雲文選》，北京，人民出版社，1988 年，第 207 頁。

7　《改革開放的歷程》，第 52 頁。

汪東興的中央組織部長郭玉峰被撤換，胡耀邦出任組織部長。此時，高幹審查工作仍被控制在中央辦公廳三個專案組手中。胡耀邦繞過中辦，直接向中央請示報告，落實幹部政策的情況有了進展。1978年1月，中組部召集中央26個部、委的負責人開會，討論幹部問題。當時中央53個單位共有6,000多名幹部等待重新分配工作或安置。至7月，已有5,344人重新分配了工作。文化大革命中，為了給叛徒、特務、走資派等形形色色的階級敵人找出「罪證」，而不惜花費大量人力物力。3月，中組部召開中央和各省、市有關部門會議，決定再花力量，去複查這些「罪證」。

4月，中共中央決定給1957年被打成右派的人平反。此前，已有30多萬人被摘掉右派帽子，稱為「摘帽右派」。這次平反進了一步，經過複查，共有54萬人不算右派了，而是屬於所謂「錯劃」而改正了錯誤。8月，中組部決定複查文化大革命期間發生的大量所謂「惡攻」案件，許許多多被冤枉的人得到解放。同月，又做出為「四清」工作中受打擊的基層幹部平反的決定。至年底，大批在文化大革命中受到迫害的幹部、專家、學者、勞模得到平反。但是，還有一些所謂大案要案懸而未決。

11月，中共中央召開工作會議，為即將召開的十一屆三中全會做準備。華國鋒決定，會議只討論經濟問題，陳雲帶頭衝破限制，要求解決文化大革命遺留下來的大案要案。他提出：薄一波等61人叛徒集團案是冤案，他們出獄，是中央批准的；其他許多人被定成叛徒、特務，應該複查，例如陶鑄、王鶴壽就不是叛徒；彭德懷對黨功勞很大，骨灰應放進革命公墓；天安門事件是偉大的群眾運動，應予肯定；康生在文化大革命中

的錯誤嚴重，應當批評；既有中組部，又有中央專案組的現象很不正常，後者應當撤銷。陳雲的發言在會上激起強烈反響，出席者紛紛支持他的意見，並提出了其他一系列應當平反的案件，迫使華國鋒不得不在會議期間就召開政治局會議，同意並宣佈：為薄一波等 61 人平反；肯定天安門事件為革命的群眾運動；撤銷中央所發的「批鄧、反擊右傾翻案風」的文件；糾正過去給彭德懷、陶鑄、楊尚昆所作的結論；為「二月逆流」平反；撤銷中辦專案組；揭發批判康生、謝富治（二人均已死亡）的罪行；各地文化大革命中的重大事件，由各省、市、自治區負責自行處理。[8]

這次會議後，平反冤假錯案的工作加緊進行。所有在文化大革命中被打成叛徒、特務、走資派、反革命修正主義份子、反黨份子等的各級幹部和各種各樣的反動權威都先後得到平反。對於一些重大事件也重新作了評價，如「一月革命」、「二月逆流」、中宣部「閻王殿」、「總政閻王殿」、「帝王將相部」、「城市老爺衛生部」、「三家村」、武漢「7·20 事件」等。至七十年代末，受文化大革命之害的中層以上幹部、全國和各地區重大事件均已平反，文化大革命從實踐上基本已被否定，但是還不是徹底否定，因為還有千千萬萬受迫害的一般幹部和群眾的冤案有待解決。

從理論上否定文化大革命

「沒有革命的理論，就沒有革命的運動」，共產黨是遵循馬克思主義的這一信條的。毛澤東發動文化大革命，有一大

8　《陳雲文選》，第三冊，第 210 頁。

套理論。要否定文化大革命，就要否定他的那一套理論。在理論上對文化大革命的否定，是從哲學討論開始的。這就是關於真理標準的討論。這場討論的主持人是鄧小平，具體的召集人是胡耀邦。

1978 年 5 月 11 日，北京《光明日報》以本報特約評論員名義，刊出一篇題為《實踐是檢驗真理的唯一標準》的文章，闡述馬克思主義認識論關於實踐第一的觀點，指出任何理論是否代表了客觀真理，都必須經過檢驗，而檢驗真理的唯一標準只能是社會實踐。文章反對躺在馬列主義、毛澤東思想的現成條文上，用現成的公式去限制、宰割、剪裁豐富的飛速發展的革命實踐。文章說，當前依然存在著「聖經上載了的」才是對的傾向，這是「四人幫」強加在人們身上的精神枷鎖，必須打碎。

文章中的這些觀點，本來是毛澤東的《實踐論》中的老生常談，然而在個人崇拜時期，毛的話就是真理，還用得著什麼檢驗？！實踐第一的觀點久不提起，現在舊話重提，重申任何事物、任何理論，是不是真理，都需經過實踐的檢驗，這是用毛澤東的話，來對付他自己，在毛的神像未倒之前，這樣做是必要的。所以，文章一出，《人民日報》、《解放軍報》立刻加以轉載，新華社也向全國全文轉發，在全國報刊上轉載。各報又發表不少文章響應，在輿論界很快形成一個討論真理標準的高潮。

「凡是派」也好，新聞界也好，都是懂得開展這個討論的含義的。宣傳部門的負責人打電話給《人民日報》了，說《光明日報》文章理論上是錯誤的，政治上問題更大。5 月 17 日，汪東興在會議上說，這篇文章「實際上是把矛頭指向主席

思想」，他責問「這是哪個中央的意見？」次日，中宣部部長張平化對參加全國教育工作會議的代表談到這篇文章，他說，不要因為《人民日報》轉載了，新華社轉發了，就定論了，要提高鑑別力，不要隨風轉。華國鋒指示中宣部和一些省、市，對於真理標準的討論應「不表態」，「不捲入」。汪東興指示《紅旗》雜誌說，你們不要表態，不要怕孤立。[9]

但是，華國鋒派在宣傳上的控制力，終究遠不及「四人幫」，鄧小平等人不理睬他們那一套。5月19日，鄧接見文化部負責人，指出《光明日報》文章，符合馬克思列寧主義，扳不倒。月底，鄧又在另一場合說，只要你的講話和毛主席的不一樣，和華國鋒的不一樣，就不行，這是當前一種思潮的反映。6月2日，他利用在全軍政治工作會議上發表講話的機會，大談馬克思主義、毛澤東思想的認識論，大談實事求是，一切從實際出發，一切理論都來自實踐，又要受到實踐的檢驗的觀點。汪東興則在宣傳部門負責人會議上批評《光明日報》文章的觀點，雙方各講一套。這時，軍隊參加進來。華國鋒名為中央軍委主席，實際上控制不了軍隊。軍隊控制在鄧小平、葉劍英、羅瑞卿等人手裡。在中央軍委秘書長羅瑞卿支持下，6月24日《解放軍報》用特約評論員名義，發表題為《馬克思主義的一個基本原則》的文章，支持實踐是檢驗真理的唯一標準的論點，批評「兩個凡是」的主張。這篇文章是胡耀邦組織黨校的人撰寫的。7月21日，鄧小平明確告訴中宣部長張平化，你不要再「下禁令」，設「禁區」了。接著，胡又組織撰寫了第三篇文章《一切主觀世界的東西都要經受實踐檢驗》，發表在9月26日的《人民日報》上。同時，中國社會科學院舉行

9　《改革開放的歷程》，第68頁。

了160多名學者參加的關於真理標準問題的討論會。「實踐派」聲勢大振,「凡是派」完全孤立。1978年下半年,全國報刊上發表的討論文章達650多篇,輿論呈現一邊倒的局面。

關於真理標準的討論,為中共中央十一屆三中全會的召開做好了準備。全會於12月18日至22日在北京召開,主要討論全黨工作重點向經濟建設和科技革命方面轉移的問題。出席者高度評價關於真理標準的討論,批評「兩個凡是」的錯誤方針。全會肯定毛澤東對中國革命立下的「偉大功勳」,提出要打破林彪、「四人幫」設立的精神枷鎖,對毛澤東也要堅持「一分為二」的態度,也就是說,他也會犯錯誤。全會重新評定了文化大革命中一系列重大事件、問題和一些領導人物的是非功過。根據實踐是檢驗真理的唯一標準的論點,全會否定了毛澤東關於社會主義社會中階級和階級鬥爭的錯誤觀點,否定了他的「無產階級專政下繼續革命」的錯誤理論。全會決定加緊平反冤假錯案,決定永遠廢止那種設立專案機構審查幹部的方式。全會還決定,對於文化大革命的錯誤,要在適當時候加以總結。這樣一來,文化大革命就從理論上和實踐上都被否定了。[10]

全會對領導機構作了一些調整。陳雲被增選為黨的副主席,胡耀邦、王震、鄧穎超被增選為政治局委員。胡耀邦被任命為黨中央秘書長,汪東興被免去中辦主任職務。華國鋒雖然還是黨的主席,但他擔任這個職務的時間不會太長了。

10　《中國共產黨大事記》,第343頁。

正式的結論

「四人幫」垮臺後，中國的政治生活慢慢開始解凍。被打倒的、「靠邊站」的幹部一批一批地得到「解放」並官復原職。

文化大革命期間斷絕了往來的親朋友好又重新會見。互相祝賀熬過了這場大災難。

上山下鄉知識青年掀起了大返城的高潮。在農村度過了三五年、七八年、甚至十來年的艱難歲月後，他們懷著受騙上當的心情，一事無成地回到城市，加入城市失業者的隊伍。似乎是對文化大革命時期清教徒式的生活方式的抗議，街道上忽然出現了一些穿著有點奇怪的青年男女，在藍灰色的中山裝和中式服裝的海洋裡，顯得有點不協調。雖然這種人還不多，但終究表明，嚴酷的歲月確實是過去了。

看電影歷來是中國人最主要的娛樂方式。在文化大革命中，看電影改稱「受教育」，受「革命化」電影的教育。現在，情況變化了，影院裡開始上映一些經過精心剪裁的日本或西方電影。更受歡迎的則是所謂「內部電影」，這是經由各種渠道進入中國大陸、沒有剪裁過的港臺或西方影片，專在北京各大機關的禮堂裡上映。不久以前，那裡還是舉行批判會的場所。

文化大革命的革命歌曲銷聲匿跡了，人們重新唱起五十年代的老歌。忽然之間，異軍突起，臺灣歌星鄧麗君幾乎是長驅直入地進入千家萬戶。她的抒情歌曲衝破了沉悶單調的空氣，傳遍了中國大陸，任是什麼禁令也阻擋不住。

嚴冬過去的訊息更多地反映在文學作品上。文壇上出現了以作家劉心武的《班主任》和盧新華的《傷痕》為代表的「傷

痕文學」。作家們用小說、戲劇、電影、詩歌等形式來鞭笞和控訴這場絕滅人性的文化大革命。一些臨時編寫出來的、控訴林彪或江青集團迫害的戲劇紛紛搬上舞臺，大受歡迎。像作家白樺的《苦戀》那樣的作品，則因揭露「傷痕」太深而被禁止。

在全國的大中城市裡，「清理階級隊伍」期間的那種肅殺氣氛不見了，代之而起的是一片亂哄哄的景象。到處是農村回來的「待業」知青和「五七幹校」回來的「待分配」幹部。幹部們被精簡下放，回來後原來的工作沒有了，住房也沒有了，像戰後回鄉的難民一樣，許多家庭擠在一個小小的房間裡，日夜盼望分配新的工作，改善居住條件。

城市街道上可以看到各種「上訪」的人群。這些是文化大革命中的受害者，由於各種原因，他們的問題在原地、原機關、原單位得不到解決，因而被迫背井離鄉，來到省城、來到北京。他們在「上訪」機關門前「安營紮寨」，不達目的，決不離開。

但是，最令當局不安的是黨內的思想混亂和黨外的民主運動。黨內開展了思想理論上的所謂「撥亂反正」的活動，人們試圖把被文化大革命顛倒了的是非重新顛倒過來。這樣一來，毛澤東的神話破滅了，馬克思主義也黯然失色了，什麼主義，什麼信仰，無論是新老黨員都在議論紛紛，莫衷一是，黨內思想出現了前所未有的混亂。在黨外，一些青年發起了民主、民權運動。他們向共產黨的理論和權威挑戰，出現了北京西單的民主牆和上海的民主論壇。人們通過在街頭貼大字報，出版地下刊物和舉行討論會，來批判文化大革命，批判毛澤東、批判共產黨。他們提出了民主、自由、人權等要求。

無論是以華國鋒為首的「凡是派」，還是以鄧小平為代

表的務實派，都不能容許這種現象存在和蔓延，因為其在質疑共產黨執政的合理性。社會上的多數人當時對這個民主、民權運動也不感興趣，因為文化大革命剛剛結束，人們渴求穩定和安寧，不希望又出現動盪。於是，鄧小平出來收緊韁繩。1979年3月，在中共中央理論工作會議上，他嚴辭批評黨內和社會上那種企圖擺脫共產黨的領導，否定馬列主義、毛澤東思想和社會主義制度的傾向。他代表中共中央提出了全黨全國都必須遵守的四項基本原則：一、堅持社會主義道路。二、堅持無產階級專政。三、堅持共產黨的領導。四、堅持馬列主義、毛澤東思想。接著就取締了北京西單的民主牆，民主民權論壇和類似的出版物。

與此同時，中共中央決定就一些重大問題做出決議，使全國全黨有所遵循。這個工作由鄧小平和胡耀邦主持，胡喬木具體負責。根據鄧的指示，這個決議的中心問題是評定毛澤東一生的是非功過，十年文化大革命是他一生中的一個重要部份。鄧提出，這個決議的總的精神是，維護毛澤東的歷史地位，維護毛澤東思想，徹底否定文化大革命。他說「毛澤東這個旗幟丟不得。丟掉這個旗幟，實際上就否定了我們黨的光輝歷史。」[11]鄧是在毛的手裡吃過大虧的，但是他比赫魯雪夫老練得多，為了中共的整體利益，他同老一代的中共領導人決定維護毛澤東的歷史地位。曾任人民解放軍總參謀長的黃克誠1980年11月也說「有些同志對毛主席說了許多極端的話，有的人甚至把他說得一無是處。我認為是不對的，這樣做不但根本違反事實，而且對我們黨和人民都非常不利……在毛主席晚年，我也吃了些苦頭，但我覺得，對於這樣關係重大的問題，

11　《鄧小平文選》，第 298 頁。

決不能感情用事，意氣用事。我們只能從整個黨和國家的根本利益出發。」[12]事緣1959年廬山會議上，黃克誠被打成彭、黃、張、周反黨集團重要成員而作此表態。

1981年6月27日，中共中央十一屆六中全會通過了《關於建國以來黨的若干歷史問題的決議》。這個決議共分八個部份，「文化大革命的十年」是它的第五部份，是對文化大革命的一個概括性的總結。它的要點是：

> 文化大革命是毛澤東根據錯誤的理論，按照錯誤的判斷，運用錯誤的方法發動的一場錯誤的運動；這場運動的錯誤在於它顛倒了是非，混淆了敵我，並被反革命集團所利用，發展成為一場給全國人民帶來嚴重災難的內亂；毛澤東之所以犯這個錯誤，是因為他驕傲起來，逐漸脫離實際，脫離群眾，發展了主觀主義、個人專斷的作風；但是，毛澤東發動文化大革命的動機還是好的，他是為了反修防修，反對資本主義，他同林彪、江青等人是不同的，毛是偉大的馬克思主義者，而林彪、江青等人是企圖篡黨奪權的反革命份子。[13]

這不是一個供討論的文件，而是一個結束討論的文件。有了這個《決議》，全國上下就一律以此為准，來評價毛澤東的功過，來評價文化大革命，除此以外，不能再有不同意見。

毛澤東為了反修防修，反對資本主義而發動文化大革命。他究竟反對了些什麼東西呢？毛發動文化大革命時反對的東西，就是六十年代前半期，中國政治經濟文化生活中所湧現出來的一些東西，以及中國社會中原來就存在的一些東西。特別

12　《改革開放的歷程》，第209頁。
13　《中國共產黨中央委員會關於建國以來若干歷史問題的決議》，北京，人民出版社，1981年。

是前者，它們是作為對「大躍進」的否定而出現的。這些東西包括：在農村實行的「三自一包」、「四大自由」，在工業中實行的所謂「獎金掛帥」、「利潤掛帥」、「物質刺激」，為調動知識份子積極性而實行的所謂「脫帽加冕」，為繁榮文藝創作而提出的所謂的「離經叛道論」、「反題材決定論」、「中間人物論」以及為緩和中國的國際關係而提出的所謂「三和一少」的方針等等。這些東西出現在三年經濟極端困難和全國大饑荒之後，反映了人們普遍的改革要求。「大躍進」超越了現實發展的可能性，違背了社會發展的方向，而這些要求則反映了人民的願望，代表了社會發展方向。

　　毛察覺到了這一點，但是，他認為這種發展方向不是向社會主義前進，而是向資本主義倒退。所以，他要運用他的權威和方法來反對和抵制這種發展方向，他要扭轉歷史發展的車輪，他確實在一個時期內扭轉了歷史發展的車輪。他曾經是一個站在歷史發展前列，引導歷史前進的革命者，現在變成了一個逆歷史的潮流而動的保守的君主。就像秦始皇企圖把他的帝國傳之萬世一樣，毛也企圖把他的事業千秋萬代地傳下去。為此他採取了許多措施，從提出社會主義條件下繼續革命的理論，做出「培養無產階級革命事業接班人」的種種安排，直到發動文化大革命。但是，秦始皇死後十五年，秦王朝就崩潰了。毛的命運並不比秦始皇好些。他死後才五年，他的社會主義條件下繼續革命的理論和文化大革命就被徹底否定了，被他斥為修正主義和資本主義的一套東西，在鄧小平的「改革開放」的名義下變本加厲地實行了。毛的打算完全落空，同他的時代比較，今天的中國簡直是面目全非了。

　　個人崇拜，或曰個人迷信，同文化大革命密不可分，沒

有個人崇拜就不可能有文化大革命。《決議》認為，個人崇拜的存在使毛的「左傾錯誤的個人領導實際上取代了黨中央的集體領導」。至於產生個人崇拜的原因則是：一、國際共產主義運動在這個問題上出現過的「嚴重偏差」對中共的「消極的影響」；二、長期封建專制主義在思想政治方面遺毒的存在；三、黨和國家的民主生活沒有制度化，法律化。這樣就「使黨的權力過份集中於個人，黨內個人專斷和個人崇拜現象滋長起來，也就使黨和國家難於防止和制止文化大革命的發動和發展」。[14]

對於個人崇拜現象的這種論述，很難說是實事求是的，嚴肅認真的。首先，個人崇拜是國際共產主義運動固有的現象。共產主義運動是根據馬克思主義理論而創造出來的一種政治運動，共產黨人排斥任何其它政治理論，把馬克思主義說成是世界上唯一的真理，這就使共產主義成為一種神聖的教條，使共產主義運動成為一種宗教的運動。宗教崇拜神明和上帝，共產主義運動崇拜馬、恩、列、斯、毛。他們是馬克思主義這種宗教的創始人和傳播者，據說，真理在他們手裡，人們必須按照他們指引的方向前進，他們是千千萬萬勞苦大眾的救世主。共產黨的權勢昌盛之日，必定是個人崇拜風行之時；共產黨權勢消融了，個人崇拜就沒有了。二十世紀發生過三次規模最大的個人崇拜：對史達林的崇拜，對希特勒的崇拜和對毛澤東的崇拜。這三者相比較，可以看出，文化越是落後，愚昧程度就越深。文化大革命中的毛澤東享受到了諸如「早請示」、「晚彙報」那樣的頂禮膜拜，令史達林和希特勒望塵莫及。

其次，個人崇拜從何而來？個人崇拜是製造出來的。共

14　同上。

產黨自己，特別是共產黨的領導集團，是個人崇拜最主要的創造者和推動者。他們製造個人迷信，半是出於信仰，半是出於需要。遵義會議以後，中共領導集團心甘情願地把權力交給毛澤東，因為他們從被迫進行「長征」和「長征」的進程中得出結論，認為毛是正確的。從四十年代起，中共極力樹立毛的領導地位，對外以對抗國民黨領袖蔣介石，對內則藉以增強黨的凝聚力和戰鬥力。在取得全國政權後，共產黨將個人崇拜推向全國，以加強對這個六億人口大國的統治。在文化大革命前的十七年，黨的各級領導人都積極推行個人崇拜並從中得到好處。但是，在這樣做的同時，全黨上下付出了一個重大的代價，這個代價就是把全黨全國的命運都交給了毛澤東。毛可以為所欲為，而不受任何制約。結果，全黨全國都遭了殃，個人崇拜的始作俑者劉少奇的命運最慘，他親手把毛捧上神壇，他對毛獻出了一切，包括他的生命。

　　古話說「禍兮福所依，福兮禍所伏」。除了苦難，文化大革命就沒有給人帶來一點別的什麼東西嗎？有的。文化大革命帶來犧牲，帶來痛苦，但也給人帶來了思想上和政治上的解放。中國人民一直處於毛澤東的神權和共產黨的黨權的雙重統治下。在近代中國歷史上，還沒有任何一個人能像毛澤東那樣在思想上給人以如此深刻的影響。文化大革命辦了一件大好事，它粉碎了毛澤東的神話，使毛澤東由神變成了人，而且是一個犯了大錯誤的人。於是，神權崩潰了，迷信消散了，人們從思想上獲得了解放。共產黨的統治固然還在，不過文化大革命後的共產黨，較之此前，期勢之衰幾可稱為「弱勢獨裁」。政治上的禁錮還在，不過那種窒息性的控制已經沒有了，人們可以比較自由地呼吸了。

毛以後是鄧小平，而不是他選定的華國鋒。鄧兩次作為「走資本主義道路的黨權派」被毛打倒，第一次是作為中國「第二號最大的走資本主義道路的當權派」，第二次是作為「死不悔改的走資本主義道路的當權派」，但是他奇蹟般地一次又一次地站了起來。鄧的幾起幾落既有諷刺意義，又有象徵意義，它說明歷史總是頑強地要走它自己的道路，即使像毛澤東那樣權威的君主，最終也無可奈何。他的企圖改變歷史發展的執著，給中國帶來一場浩劫。但用歷史的觀點來看，文化大革命是中華民族歷史進程中的必然，因為個人崇拜在中國文明中有著深厚的土壤，而社會的進步一向痛苦掙扎、猶豫徘徊。所以，「十年浩劫」可以看做是我們為今天的進步而付的代價。

國家圖書館出版品預行編目資料

簡明文化大革命史 / 冉隆勃著

--初版-- 臺北市：蘭臺出版社：2018.01

ISBN：978-986-5633-64-6（平裝）

628.75   106022280

文革史料講義2

簡明文化大革命史

作　　者：冉隆勃
編　　輯：楊容容
校　　對：塗語嫻
封面設計：林小也
出 版 者：蘭臺出版社
發　　行：蘭臺出版社
地　　址：台北市中正區重慶南路1段121號8樓之14
電　　話：(02)2331-1675或(02)2331-1691
傳　　真：(02)2382-6225
E—MAIL：books5w@yahoo.com.tw或books5w@gmail.com
網路書店：http://bookstv.com.tw/
http://store.pchome.com.tw/yesbooks/
三民書局、博客來網路書店 http://www.books.com.tw
總 經 銷：聯合發行股份有限公司
電　　話：02-2917-8022　　傳　真：02-2915-7212
劃撥戶名：蘭臺出版社　帳號：18995335
香港代理：香港聯合零售有限公司
地　　址：香港新界大蒲汀麗路36號中華商務印刷大樓
　　　　　C&C Building, 36,Ting, Lai, Road, Tai,Po, New,Territories
電　　話：(852)2150-2100　　傳　真：(852)2356-0735
經　　銷：廈門外圖集團有限公司
地　　址：廈門市湖里區悅華路8號4樓
電　　話：86-592-2230177　　傳　真：86-592-5365089
出版日期：2018年01月 初版
定　　價：新臺幣 350 元整（平裝）
ISBN：978-986-5633-64-6